皇學

人間《ヒト》の靈魂《タマシイ》と清《キヨ》め祓靈《ハラヒ》

NIIMURA Sugimaro
新村 相麿

文芸社

はじめに

現在世界では多くの國が有り、多くの民族が混在しております。我が國では約一億二千五百万人程の國民が住まいしています。

多くの人間《ヒト》等が朝な夕な神々を信じ祈っています。一般庶民《ショミン》等、総ての人間《ヒト》は、産土神《ウブスナノカミ》より分靈《ワケヒ》の靈魂《ミタマ》を授かります。両親を初め多くの人達より喜ばれ、純真無垢《ジュンシンムク》な心を秘め、此の世に誕生します。命名後、役所に届出とともに産土神のもとに記帳され、以後の総ての事柄は善《ヨ》き事悪《ア》しき事が記帳されます。多くの人達に期待されまして、人生の一歩を始めます。産土神の分靈《ワケヒ》の留まる人間《ヒト》として、保護を賜わり世を過ごします。

産土神の神魂《シンコン》の活用《ハタラ》きに依って、此の世に人間《ヒト》を生み成す、人間は神の分派なる故、文中に神と人間《ヒト》の靈魂の説明を致しております。成人となり社会に盡《ツク》し生涯を終えた分靈《ワケヒ》たる靈魂《ミタマ》は、必ず産土神に召され御許《ミモト》に二度と帰らぬ一道《ヒトミチ》を還《カエ》ります。現今の我が國民の多くは、死亡したら家族、親族に依って故人の葬儀を執り行いますが、今の葬儀の内で神葬《シンソウ》祭《サイ》は正しく、多くは執行されておりませんので、それを糺《タダ》してほしく『人間《ヒト》の靈魂《タマシイ》と清《キヨ》め祓霊《ハラヒ》』の書を出す事としました。

我が國では古代は、古代式神葬祭《コダイシキシンソウサイ》を以て死後の葬儀を執行されておりましたが、中世紀以後儒教や佛教の渡来を許し、中國思想や佛教思想に人民が染まり、佛教文化やその影響を受けた武士や民が、自分の葬儀にも佛教方式を取り入れた。特に徳川時代は寺請《テラウケ》制度を実施したと言われ、一般の民はそれに従い過ごす。明治初期に旧式の神道式の葬儀を認められたが、正しい式を忘れた神職等の執行する葬儀は昔に返す事は出来ず今日に至っている。故に少しでも正しい方に近づけたく、神葬《シンソウ》のあり方を提起致し、本書で葬儀と清め祓霊を取り上げたのは、人間《ヒト》は死して産土神の審判を受ける事柄に関わるが故であります。生前《セイゼン》に少しでも神の世界の事を知っておれば、産土神の事を知っておればと思い神界のほんの一端を示し、亦、生物の霊魂《タマシイ》の事、産土神と人類の事、人間《ヒト》との霊魂の事柄と欲望、人間の死後の在り様等、少しでも皆さん方の理解を戴きたいと思います。

亦、日本の多くの人達が、人間《ヒト》の死亡致した後の故人の霊魂《タマシイ》はどうなるか解らぬ故に、霊魂《タマシイ》はだれから授かるか、人間とはどの様なものなのか、人間《ヒト》の生と死、霊魂《タマシイ》の行方と神葬のあり方を説きました。

はじめに

本書の主題を「人間の靈魂と清め祓靈《ハラヒ》」とし、その祓靈の対象は、靈魂《レイコン》と肉体より成り立つ人間《ヒト》から生じ出る罪穢汚《ツミケガ》れの事も、亦、罪穢汚《ツミケガ》れは顯世《ウツシヨ》に於いて人間《ヒト》のみに生じます。人々が生涯を終えれば必ず産土神の審判を受け、その結果に依って死後の在り方が決まります。

亦、葬儀と清め祓靈《ハラヒ》を執《ト》り行《オコナ》った一年後、死後《シゴ》の靈魂《レイコン》を勇《イサ》め奉《マツ》り、和《ナゴ》め奉《マツ》る方法と祖靈《ソレイ》祭《サイ》の必要を記述しました。祭りに関わる神々は、特に重要視するのは、穢汚《ケガ》れと不敬《フケイ》。亦、総ての事柄に対する真実と原因と結果であります。

産土神社に鎮《シズ》まる神々は、人間《ヒト》の行動と靈魂《ミタマ》の活用《ハタラ》きを求めます。無業《ムギョウ》は悪《アク》なりと。それ故に靈魂《ミタマ》と肉体より発する種々《クサグサ》の事柄《コトガラ》に対する皇學独特《コウガクドクトク》の用語や表現があります。

亦、本書を通読された方は、しばしば惑《マド》われた事と思いますが、語句・文体・用字の異なる事が有ります。幽の世界と顯世《ウツシヨ》の違いが有ります。

神々は総ての事柄をば、原因と結果を見通しておりますが故、先ず真実が第一でありまして、美辞麗句《ビジレイク》を以て語る事は出来ません。有りの儘《ママ》に真《マコト》を語る故、ぎこちない文等、亦、皇學と申す聞き慣れぬ、そして考えてもみない内容であり、重要な点を時々述べます。要点として、この文は靈魂《レイコン》の問題を語るが故に、魂《タマ》と魂《タマ》が相接し、反応が、靈《レイ》対靈《レイ》・靈魂《タマ》と靈魂《タマ》の共鳴を求めたいと思います。文章等でなく真実を知ってください。神の活用《ハタラ》きと人《ヒ》間《ト》の関係は、皇學を以て知る以外ないのです。

この観点から人間《ヒト》の生死の真相を述べ、罪《ツミ》穢《ケ》汚《ガ》れの生《ショウ》ずる本《モト》を明らかにし、一般の人間《ヒト》達《タチ》に理解を願う可く、皇學に基づいた、人間《ヒト》の本質たる靈魂《ミタマ》の活用《ハタラ》き、その結果の人生の綾《アヤ》が生ずる基《モト》を皇學を基本として説きました。その点留意を願いたいと思います。

目次

皇學　人間《ヒト》の靈魂《タマシイ》と清《キヨ》め祓靈《ハラヒ》

第一章　神と人類

一、神

○カミ＝隠身《カクリミ》（カミ）・幽身《カスカナミ》（カミ）・幽体《カミ》・幽靈《カミ》・神体《カミ》・輝身《カミ》・耀身《カミ》・火体《カミ》・神《カミ》。

等の多くの読み方、神の活用きの表わし方がありますが、みな、カミであります。神の活用《ハタラ》きに依る、神の世界（神界）にあって、各職掌等、亦、神界の図解等で理解を戴き、神と人との関わり合いを理解し、亦、人の死後に、神とどの様に関係を持つのか、知る為に、先ず神の世界を知りましょう。

神には八百萬神《ヤオヨロズノカミ》と多くの神々がおわします。別天津神・天津神・國津神・大國魂神・國魂神・産土神・祖神・職掌の神・氏神・人靈神《ジンレイシン》等神々であります。

二、真神《シンシン》

真神、即ち大元《オオモト》の御靈《ミタマ》を指して申しているのであります。御心を持った神氣《シンキ》、即ち、靈《レイ》氣《キ》の事を指して神《カミ》と申します。亦、神と言うには、まだ他の諸条件を備え、お活用《ハタラ》きに成らなければ、真《シン》の神《カミ》とは言えませんが、大体、神の本質と申しますのは、神氣・神靈は萬物の根源《コンゲン》たる元素《ゲンソ》であり、その素《モト》は靈素、御心を持った靈素、元素であります。神氣《シンキ》・神《シン》靈《レイ》の事であります。化学で言うところの元素《ゲンソ》は、物質、形態上の元素であります。その素《モト》は靈素《レイソ》でありまして、物質、形の無い世界、神そのものは無《ム》であります。その精神の活用きを神と申します。神氣・神靈の元素は無形、無臭、無色の靈素《レイソ》でありまして、エネルギーを放出する前の靈素《レイソ》を申します。この靈素が無限に大、中、小、亦、無限の方向に向かって活用《ハタラ》く活用《ハタラ》きを神と申します。

三、神の四魂

神は四魂を以て、その活用《ハタラ》きを以て神と謂《イ》い、大、中、小の活用きの範囲に依って、皇《スメ》大御神《オオミカミ》、皇大神《スメオオカミ》、皇神《スメガミ》、大神《オオカミ》、神《カミ》、比古《ヒコ》、命《ミコト》等と稱《タタ》え申しあげます。その活用きは、和魂《ニギミタマ》、荒魂《アラミタマ》、幸魂《サキミタマ》、奇魂《クシミタマ》と四魂の活用《ハタラ》き、三魂の活用《ハタラ》き、二魂の活用《ハタラ》き、一魂の活用《ハタラ》き、亦、高等、中等、普通の活用《ハタラ》き等の活用きの内容を神と申します。

㋑　四魂は四季に活用《ハタラ》きをあらわす

荒魂《アラミタマ》――冬
和魂《ニギミタマ》――春
直靈《ナオヒ》――太陽
奇魂《クシミタマ》――夏
幸魂《サキミタマ》――秋

地球は太陽の周りを公転、自転して、其処で地球に四季《シキ》をもたらすのは、太陽（直靈）の熱と光により地球が一周するが、その時、光、熱の大小により四季がめぐり、春、夏、秋、冬という現象が現われるが、此れ等は皆、それぞれ春は和魂《ニギミタマ》、冬は荒魂《アラミタマ》という活用きである。

四、神界の組織図

㋑　神界の組織図

一、概　要

神界、幽冥界

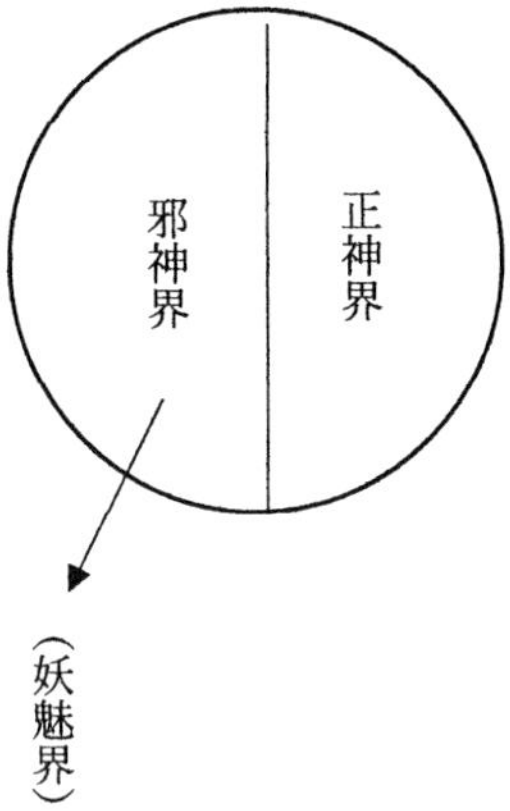

階位、品位（神は活用《ハタラ》きであり、其の活用きを記してみれば百八十一階級ある）

正神界（百八十一階級）
邪神界（百八十一階級）｝百八十一階級の「一」は、たばねる中心の神。又、吾靈を入れて百八十一階級とする。

地球を例にみると、東経、北緯によって、碁盤《ゴバン》の目に細分化されている。これは神が百八十一階級ある事を、科学者をして表わしめている。

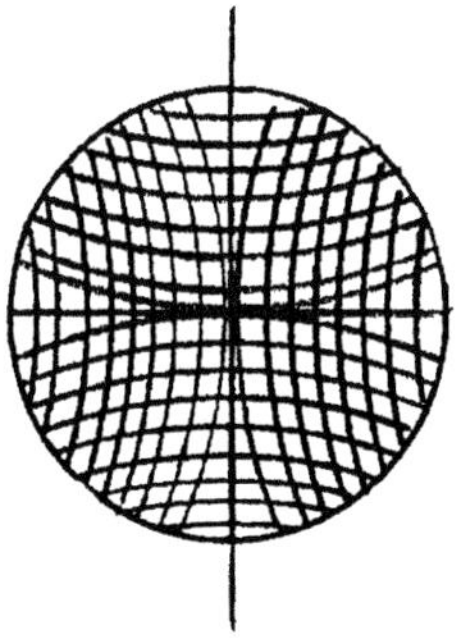

㋺ 幽顕《ユウケン》の図

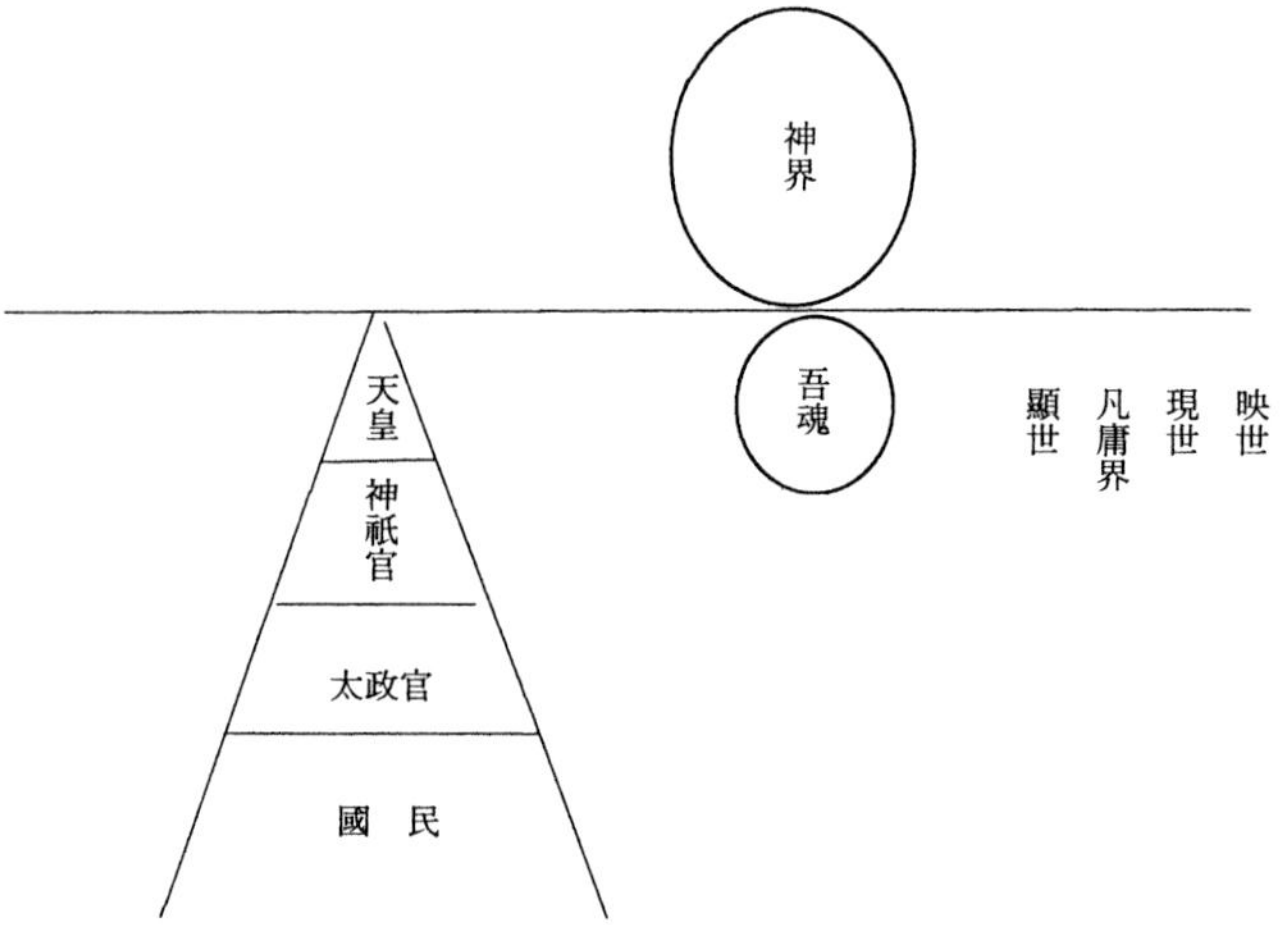
神界
吾魂
映世
現世
凡庸界
顯世
天皇
神祇官
太政官
國民

この百八十一階級は、神の活用きを配してみると、大局的に百八十一階級になるということであるが、百八十一階級あると解析するには、並大抵の研鑽にて断言できたものではない。

本田親徳《チカアツ》先生、長沢雄楯《カツタテ》先生の靈學の考究によりて、神慮を得た結果である。

㈧ 靈力体之図

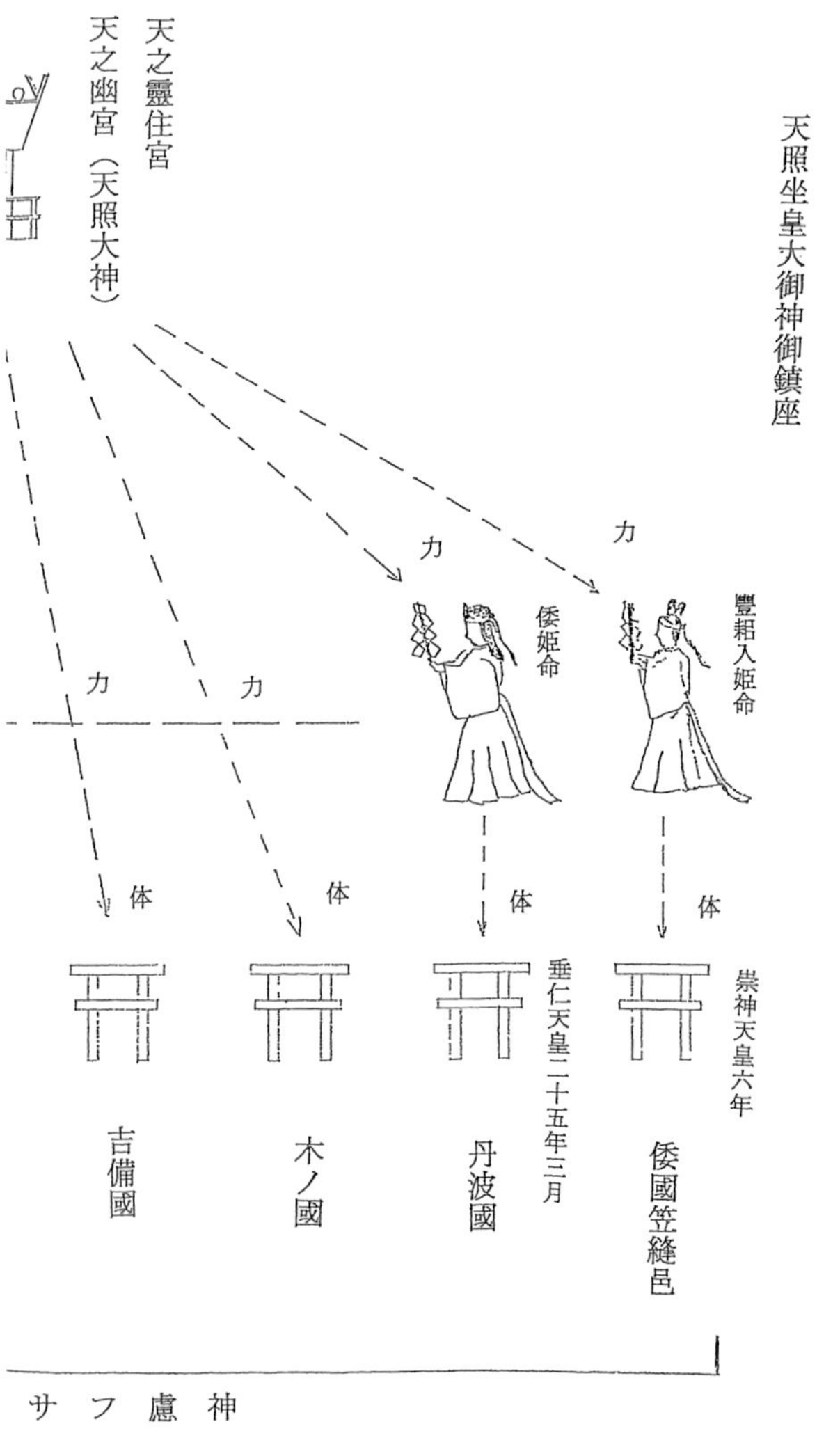
天照坐皇大御神御鎮座
天之靈住宮
天之幽宮（天照大神）
力
力
力
力
倭姫命
豊耜入姫命
体
体
体
体
崇神天皇六年
倭國笠縫邑
垂仁天皇二十五年三月
丹波國
木ノ國
吉備國
サフ慮神

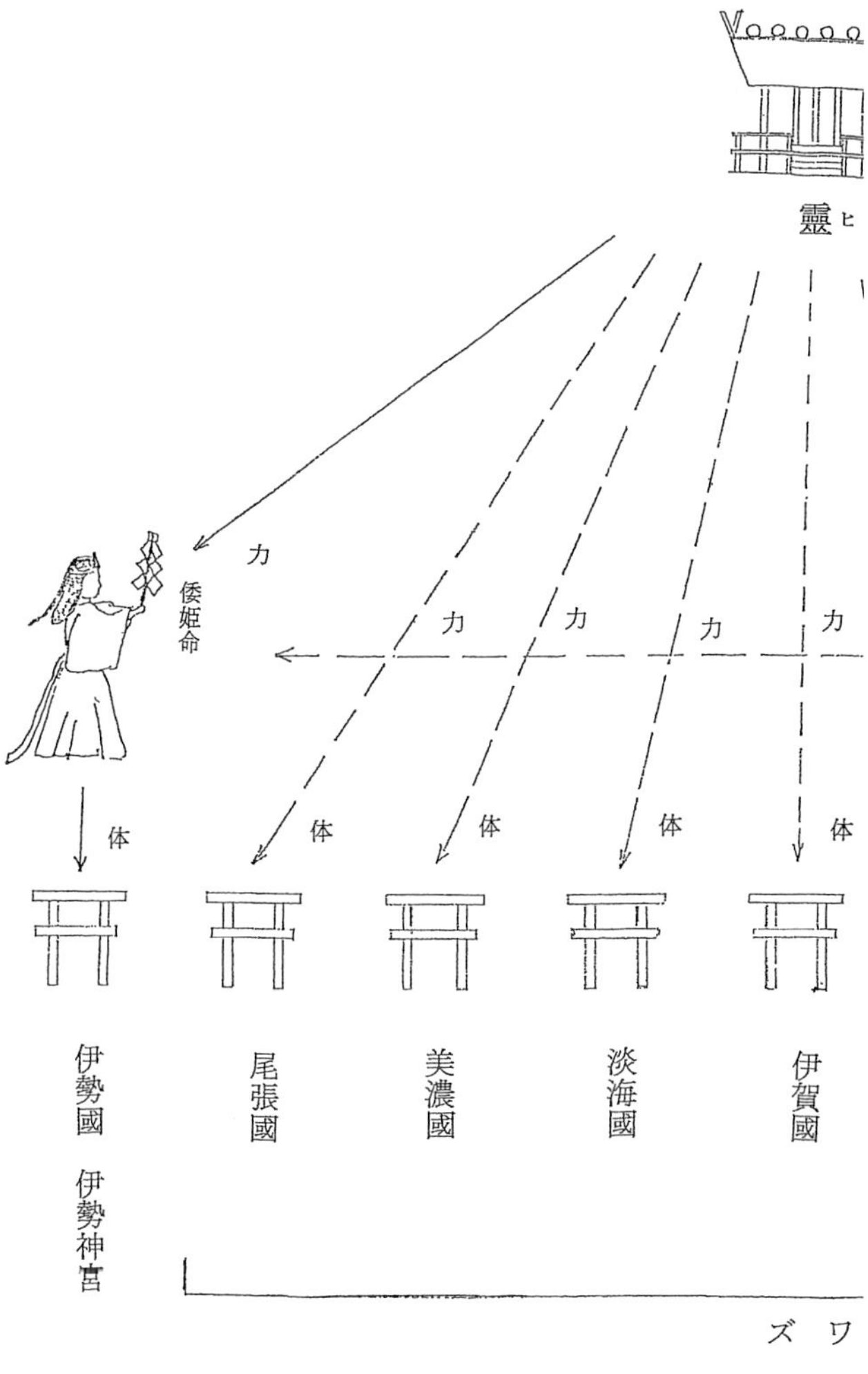
靈ヒ
カ
倭姫命
カ
カ
カ
カ
体
体
体
体
体
伊勢國　伊勢神宮
尾張國
美濃國
淡海國
伊賀國
ズ ワ

五、大地主《オオトコヌシ》大神と産土《ウブスナ》大神

大地主《オオトコヌシ》大神とは広大な大地を宇志波伎《ウシハキ》給う大神という意味であります。大地主大神の御《ミ》活用《ハタラ》きを少し小さく言い表わす御名を大國魂《オオクニタマ》大神、その下に國魂神、その下に産土大神と申し上げます。

大きな大地、即ち、郡《コオリ》とか県《アガタ》、また國土を宇志波伎《ウシワキ》掌《シ》り給う大國魂《オオクニタマ》大神の亦の御名を大地主大神と申し上げています。

産土大神は一町《チョウ》、一郷《ゴウ》、一村《ソン》、一字《アザ》を日夜《ニチヤ》守護《マモ》り掌《シ》り給う神の御名であります。私達の日常居住している土地、屋敷について産土大神が日夜《ニチヤ》守護《マモ》り給いている事を本当に良く考えてみた人々がどれほど居る事でしょう。この土《トコ》なる大地ある故に、私達人間は生きて往《ユ》く事が出来るのであります。

人間は大地より生まれ出でたものであります。人間生まれている間だけでなく、死んでからも大地に帰り、お世話になり、人間と大地とは切っても切れない繋がりがある。生物や動物も大地より生まれ来るのである。要するに人間も山川草木鳥 獣 虫魚《サンセンソウモクチョウジュウチュウギョ》も母なる大地の一部として活動しているのである。生物、即ち活物《カツブツ》は大地より栄養分滋養《エイヨウブン ジヨウ》を摂取し、大氣より酸素を吸い、成長し活動しているのであります。大地其のものは生命体である。

其の分派《ブンパ》たる人間を初め山川草木を活動させる力、即ち、生産する力を持っているのであります。（大地の四魂《シコン》の活用《ハタラ》き）
大地《ダイチ》そのものが神象《カミノスガタ》であります。其の力、エネルギーなる活用《ハタラ》きが神なのであります。普通、人々が言う自然と申しているのが神そのものであります。自然の力が靈力《レイリョク》、神の活動なのであります。上古《カミヨ》の人達は、此の真理《シンリ》、理《コトワリ》を知っておりました。現代の人は、それを何故に知らぬとは、中世、儒教《ジュキョウ》と佛教の導入に依《ヨ》るものであり、間違った思想に成ってしまったのであります。

㋑　産土神《ウブスナノカミ》

此の産土《ウブスナ》という言葉の持つ意味、亦、これをどの様に解釈するのかという事。

産為根《ウムナスネ》、産須那《ウムスナ》の根と那は発声音が通ずる、所謂、通音であって、産須那《ウムスナ》と稱え奉《タタ》りて、萬物を生み成す根本《コンポン》の事で大地そのものである。地《チ》の事をナと言い、地震の事などナイフルウと言われているのをみても解る通りで、言ってみれば、萬物を生み生産《ムス》の根本《コンポン》の大地を掌《ツカサド》る神の御名の稱え言葉であります。所謂、産土様と普通良く言われるところの鎮守《チンジュ》の森の神様であります。形体あるものは総て大地に起因《キイン》致し、萬物を生産せしめる母体《ボタイ》に当たりますのが大地であります。茲《ココ》で注意して戴きたいのは、産土《ウブスナ》は大地ではあるが只の大地では無く、物を生み出しめる根本《コンポン》の神《カミ》という事です。

産土神は体《タイ》を形造《カタチヅク》り、靈《ヒ》その体《タイ》に止《トド》まる。氏神《ウジガミ》より産土神の方が人《ヒト》にとっては尊い故、縁《エニシ》はそこにある。産土《ウブスナ》は人の生まれ出ずる活用《ハタラ》き、高皇産靈神《タカミムスビノカミ》、神皇産靈神《カミムスビノカミ》が総てその活用きをともに活用いておる。どの様な社にても神皇産靈、高皇産靈神の活用きがある。

人は生まれ出でしときは産土神《ウブスナガミ》の活用き。成人しての活用きは、産土神と氏神の活用き。産土神とは、自己を産《ウ》み成《ナ》した神、即ち親神《オヤガミ》なり。此れは生まれた土地の神社《ヤシロ》が第一の産《ウブ》土神《スナガミ》。そして其の人の産土《ウブスナ》は役所に記載せる本籍《ホンセキ》の神社《ヤシロ》の神が本当の産土神なり。亦、神々の世界である神界内《シンカイナイ》での転譜《テンプ》（籍を移すこと）に依《ヨ》りて変わる事もある。産土神は各所に存在し、祀《マツ》られているが、此れは産土神と言ふものは一柱《ヒトハシラ》の神ではなく、その土地、その字《アザ》に在れば、其の処《トコロ》に産土神が在り、其処《ソコ》の産子《ウブコ》を守護《シュゴ》し、産子《ウブコ》が一生を終えて身罷《ミマカ》れば、必ずその生まれた故郷の産土神の許《モト》に還《カエ》る。亦、自己の産土神でなくとも、どの神社の神に於いても、無神論者《ムシンロンシャ》と雖《イエド》も、必ず産土神に通知して、その土地の神社の神は守護《マモ》る。此れは、人を守護《シュゴ》するのが神《カミ》の職掌《ショクショウ》（受けもつ役目）なればなり。産土神の活用きが弱い時は、國魂《クニタマ》の神が、その靈威《レイイ》を産土神に移して産土神の靈力《レイリョク》を増す。（昭和三十九年十一月）

㋺　外國に於ける産土神

我が國の産土神は、外國にも在るも、國魂神と直接、亦は傍近《ソバチカ》くに居らない故、靈《タマ》の奇《クシ》靈《ビ》な神靈《ミタマ》、幸栄《サキハ》えぬ故、人々は皆、氣が付かぬが、神社に属する神は外國に留《トド》まっている。

（昭和四十年四月八日）

各國に、その地域地域に國魂神が領土《ウシワ》いています。國魂神の領土《ウシワ》く地域の中に、小さく細分される各字《アザ》に國魂神の御子神でありますす産土神が鎮《シズ》まれる土地には、神活用《カミハタラ》き、その土地に生まれた人間《ヒト》にとっては産土神に依《ヨ》って、夫婦《メオト》に子供を授け、御魂を授けて、この世に生まれ出ずる事も、その後、成人する事も産土神の活用《ハタラ》きに依ってであります。故に産土神は親神であります。そして自分の生まれた土地の神社が第一の産土神であります。しかも、日常の生活にも産土神の守護のもと、食《ショク》に、着物《キルモノ》に勉学、労働にと、あらゆる事に親神として守護《シュゴ》します。

六、生物の靈魂《タマシイ》

㋑　生物

世界各國にも日本と同じ様に國魂大神、亦、その下《シモ》に産土神が領土《ウシワ》いておりまして、その御稜威に依り御活用《ミハタラ》きの結果として、米國は米國、印度は印度、西欧は西欧、南洋は南洋と、それぞれ其の國に適した風土、氣候、即ち大氣、産物、人種、言語を幸栄《サキハ》へ給ひておられるのであります。世界各國は総て同一でなく、その國その國も、その所その所に於いて、少しずつ違います。

産土神の活用《ハタラ》きが僅《ワズ》かずつでも違うからであります。各國にあった物、生物を産み出します。故に、生物は、その國々の産土神より生命である御魂《ミタマ》が授かります。その御魂を受けた体（肉体・物体・植体・魚体等）は周囲の環境の影響を受けながら、亦、御魂と体との接しながら、影響を受けながら、個々の体と内部よりの魂の活用《ハタラ》きに依り個性を持ちながら成長した生物となって、世界の生物は総て同一ではありません。では、生物（動・植・鉱）の授かった靈魂《タマシイ》の事を説明致します。

㋺　生物の靈魂《タマシイ》

靈魂の本質は靈《ヒ》であります。靈《ヒ》は靈素《レイソ》でありまして、総てのものの元質であります。その素《モト》は氣《キ》であり、靈氣《レイキ》の氣《キ》であります。

○靈《ヒ》の活用《ハタラ》きが魂《コン》でありまして、活用《ハタラ》きであります。魂《コン》の活用《ハタラ》きを神《カミ》と申します。

○靈《ヒ》の活用《ハタラ》きは五ツに活用《ハタラ》き、それは次の通り。直靈《ナオヒ》、和魂《ニギミタマ》、荒魂《アラミタマ》、奇魂《クシミタマ》、幸魂《サキミタマ》であります。これを一靈四魂《イチレイシコン》と言い五魂とも言います。

この一靈四魂を産土神より人間《ヒト》に授けられております。そして一靈四魂の内の一靈の活用《ハタラ》きの主は人間《ヒト》の心として活用きます。他の動物、植物、鉱物は産土神より四魂《シコン》の魂《タマシイ》を授かります。動、植、鉱の四魂は、和魂《ニギミタマ》、荒魂《アラミタマ》、奇魂《クシミタマ》、幸魂《サキミタマ》、此の三種の動、植、鉱の魂《タマシイ》は有っても心は授かっていません。動、植の魂《タマシイ》は、動、植が滅すると魂《タマシイ》も自然消滅を致します。あの世に於いては残りません。体が滅すれば、魂《タマシイ》の活用《ハタラ》きが終われば、産土神の元に召されて消滅致します。即ち出《イツ》る元に帰ります。此の生物が出《イツ》る、そして滅する時の産土神の活用《ハタラ》きを人間《ヒト》より見ると自然法と申します。

㈧　自然法

此の人間《ヒト》から見た自然法とは、八百萬神の宇宙を造化した時点の神の定めた神法《シンポウ》、神則《シンソク》であります。全地球上に当てはまる法則《ホウソク》であります。

㊁　邪法

それに対し、亦、反する事を異法《イホウ》と申し、曲律《マガツ》法則と申し、邪神《ジャシン》、曲津神《マガツカミ》の範囲《ハンイ》に成ります。

㋭　動物のタマシイは、あの世に非ず

動物（犬、猫）は死すれば魂《タマシイ》は消えてしまい、あの世には魂《タマシイ》はおりません。供養しても、受ける魂《タマシイ》が無い故に供養の甲斐も無き事と成ります。

七、人類

㋑　人類

この地球上に現在、六大陸と海等で形作られておりまして、その六大陸の一つであるアフリカ大陸で人類は発生したと説を申しています。それは、原因は、どの様な条件であったから発生したのか、どの様な原理か、初めから完成された人間が発生したとすると、どの様な原理であるや。その当時は何を食べたるや。

㋺　サルの進化が人類に成ったとの説

一説には、人類はサルより進化して、人類と成ったという説。

我々の祖先はサルだという説が有ると言われている。人類は、六百万年前に、アフリカでヒト（猿人《エンジン》）が誕生したと言われています。それは、完全なる人間《ヒト》である様だ。どうして突然に大人の人間《ヒト》が出現したのか。どういう構造をした人間なのかは解らない。それは彼等は人間とは何かを知らず外見だけで決めるから、歩行とか、手とか足とか、立って歩く等の事で、その考えに依って人類の化石等に依って人間《ニンゲン》であるという判断である。

㋩　心

私共は、人間《ヒト》は靈魂《レイコン》と肉体の接合した心を持った、靈格《レイカク》を持った人間《ヒト》を言う。心を持った方を人間《ヒト》と申します。従って、心の無い動物は人間《ヒト》と申しません。心には遺伝子は有りません。動物の体質と動物の遺伝子である体質には人間の心は接する事は有りません。肉体特に質的に止《トド》まる事は有りません。

現在より百八十万年前にアフリカ原人が、アフリカを出て他に向かうという説と、十万年前に新人類がアフリカを出て他に向かうという説、此のアフリカの人類は、どの様にして発生したのか、自然の理由に依って発生したるか。

日本では、神の子孫が、産土神の活用《ハタラ》きに依って、心を持った小生命体と申す、天では霊魂《ミタマ》を、大地では体を、人間《ヒト》に授け賜わり、産靈之神《ムスビノカミ》の活用《ハタラ》きに依って、条件さえ揃えば、何処でも生物は生まれて来ます。それに比べて、アフリカだけに人間《ヒト》が発生する訳では無いでしょう。アフリカに発生して、他の國、地方に於いて発生をしない理由を語る可き事と思う。

㈡　人類の移動

アフリカ大陸に生まれた人類が成長発達して、一部の人類が北上して、今のヨーロッパに向かったという、亦、別の一部の人類は、現在のアジア方面に東進し、アジアに住みついたと、同一の人類がヨーロッパ人とアジア人と別れて住みついたと言われています。何故に、アフリカだけに人類が発生したのか。他の大陸では何故に発生しないのか、発生しない理由が有るのか。元は、一種類の人間が、それぞれに分かれて、黒人、白人、黄色人種と進化して現在に至っていると言うのか。

第二章　神と倭人と靈魂

一、日本

日本に於いては、産土神が活用《ハタラ》く國なる故、現在の九州南部に於いて初期の人類の一靈（心）四魂を持った小生命体の生誕を、此の彌真止《ヤマト》の國に授け給ひ、以後次々と授け給ひ、四季に恵まれ温暖な、動植物も沢《サワ》に豊かに、そして経緯《タテヨコ》の道の季節に恵まれ、一族の進化にも、亦、進歩にも、余り妨《サマタ》げる物なく、凶暴な野獣も多くおらぬ新天地に、神々《カミガミ》の神慮《ミココロ》と御守《ミマモ》りの中に成長を成しとげた民族が彌真止《ヤマト》民族で、東の果ての國に人類が、アフリカに発生した人類とは違う人類が存在しておりまして、アフリカの人種とは全く違う人類である。現在の學者の説だと、人類は総てアフリカより発生した人類が別れたものであるとの説が大半でありますが、人間は何度も申す通り、肉体と靈魂より成り立っておりますが、學者達の説はもっぱら肉体のみの説、遺伝子に関わる説のみで、皇學を学んだこと、それに依って人類學を語る事は無い様だ。人類の遺伝子も重要でありますが、もっと重要な靈《レイ》魂學《コンガク》と産土神に依る人類學も重要な事を余り氣が付いておられぬ様である。血統の事と遺伝子の事に依って総てが決まる様な考えを持っている様で、特に西洋の學者が多く、それに日本の學者達も、その説の様である。洋の東西に関わらず生命は物質から成っておると思い込み、人工衛星を飛ばして、他の星で生命の起源《キゲン》を解明しようとしています。生命は無形、無色、無臭、透明、無元質でありまして探しても解らないでしょう。人間の血統でなく、人間の御靈統《ゴレイトウ》であると言えば、意味が解るかな?

二、造化説

日本では、皇學では、この宇宙、太陽、地球、他の星等は、倭の國では造化《ゾウカ》三神《サンシン》の神を始め十六柱《ハシラ》の別天津神《コトアマツカミ》、亦、高天原《タカアマノハラ》で宇宙を照らし光り輝く太陽の神、天照坐皇大御神、亦の活用きの御名、大日孁尊《オオヒルメノミコト》(太陽神)と八百萬の神々に依って造化されたと造化説《ゾウカセツ》を太古《タイコ》より立てており、それを代々祖先に依って立証して来ました。

別天津神、天津神、國津神等、八百萬の神々の中に、大地大國主神《ダイチオオクニヌシ》、その下に大國魂神、亦、その御子神として國魂神、亦、その御子神である産土神がおられる。それぞれの職掌の神々は、総て造化進化の為に神活用《ハタラ》いておられます。

此の地球の造化の一端として、産土大神を始め、各職掌の神々の活用《ハタラ》きに依り、人類の一員として、此の倭《ヤマト》の國に天孫降臨の一員一員が、小生命体として、九州の西都原《サイトバル》に産土神に依って生誕《セイタン》致しました。人類學者の間では、アフリカ大陸で人類は誕生したという説が有ると言われていますが。

我が國の神道の説では、各國の産土神々が活用《ハタラ》かれれば、一人種と言わず、各國、各地に於いて条件が調《トトノ》えば、人類は産土神の活用きに依って誕生致します。

三、人種

各國各地に於いて、人類は誕生を致し、それ故、種々の人種が居ります。だが我が國は、日本國の地を職掌とする産土神に依って誕生致し、一説に倭人《ヤマトヒト》（ワジン）とここでは申しておきます。

人間《ヒト》の、その構成は、その地方地方に適した人間《ヒト》を、その地方の産土神に依って誕生させます。そして、その誕生した人間《ヒト》の構成は靈魂と肉体とから成り立っております。その人間《ヒト》は通常《ツウジョウ》は父母の子として、産土神より靈魂《タマシイ》を授け給わり、肉体は父母より賜わって母の胎内より生まれて来ます。そしてその子の親神《オヤガミ》は、生まれた所の産土神となります。

その理論と全く同じく、各國の國魂、産土神によって外國《トックニ》の風土、環境、食事、氣候、言語、慣習等、みな少しずつ違っていて、その環境《カンキョウ》に対応した体に生まれて、育ちながら成人となりますが、産土神は本人達は知らねども、その國の神の為、國の為、國民、市民、家族の為に盡《ツク》す人間にと、この世に人間《ヒト》として生《セイ》を授けたのです。世界各國に各種の民族を授け賜いたのであります。

誕生する人間は、その土地に適した人間として、人相、肌の色、体格等もその土地、地方にあった体質、靈質を以て誕生致します。學説では、アフリカを起点としてヨーロッパ地方、アジア地方に向かって移動したとして、アフリカに残った人類は黒人で、アフリカ大陸を出た人類は、黒人より白人や黄色人種に変化するのですか。同一の人種が、他國へ移動すれば、体格、体質が変化するのですか。どうやら違う様である様だ。靈魂學、皇學では違う人種であり、それぞれの國の人間として誕生して来ます。世界の人類學者を初め、医學等、各界の學者にも当てはまる事でありますが人間《ヒト》に神より授かる御魂《ミタマ》、そして人間《ヒト》丈に授けられる一靈（心）の事をほとんど知らないのです。心の活用きから出る二次的な現象としての精神とか神経等の事を研究し極めたと思っている様であるが、生命とか靈魂とか心とかは、物質ではなく無物質であれども肉体を左右します。それは何故かと申しますと、大まかに申しますと、靈氣《レイキ》、大氣《タイキ》であり、それに無形の命令体が内蔵されているもの。しかも心の部分は、天津神より三分、國津神より七分、三対七の割合で授かります民族と、二対八、亦は一対九の割合で授かる民族が存在しているからです。人間《ヒト》以外の動物には心は授けません。學者の間では、人間はサルより進化したと言っている學者がおる様ですが、動物の体質に対して、心は対応しません。授かりません。従って、どの様な動物でも心は有りません。本能を内蔵した四魂を持っているのみです。

四、彌真止《ヤマト》

我々日本人は他の民族と異なって、大和民族と言って、彌真止《ヤマト》、即ち、天之御中主大神の御神名と稱え奉る御名の直接の御神慮《ミココロ》、即ち、活用《ハタラ》きを止《トド》め戴いている名称なのです。

◎彌真止《ヤマト》

大和の大《ヤ》は「彌＝八」は神数であり、皇家の御栄《ミサカエ》を意味します。

和《マ》の「マ」は和《ワ》の本源、和魂《ニギミタマ》、即ち、総てを主宰《シュサイ》する意義であります。真《マ》でありまして、マコトであります。そして、真神《シンシン》の神にして、天之真中主《アマノマナカヌシ》大神、天之御中主大神そのものです。
ヤマトの「ト」は留まる意義で「止まる」の意味です。それ故、人間の事を靈止《ヒト》と皆は知らず知らずのうちにも呼び合っているのですが、靈《ヒ》、即ち神が止《トド》まっているという事ですから、神の分派《ブンパ》、即ち、分靈《ワケヒ》として神子《ミコ》ということです。故に大和民族《ヤマトミンゾク》というと神の御子という事になり、其の國、即ち、日本は神國ということが解ると思います。

我々の先人達は良く其の事を弁《ワキマ》え知っておりました。其の根元《コンゲン》を知り産土《ウブスナ》という意義を良く知っており、生命力の尊さと倶《トモ》に、この大地の上にあるものは総て産土大神の生産《ウブス》により顯われたものであるという事を良く弁《ワキマ》え、いずれの大地に対しても、萬物を育み育てる根元《コンゲン》の靈性《レイセイ》、其の生命力を自然のうちに認識して、其の思想に基《モト》づいて信仰致し、上古《ジョウコ》より現在の私達には何一つ人為《ジンイ》のもの無く、正しく傳えられてきたのであり大地《ダイチ》に活動する生命力、即ち、大地そのものが産土《ウブスナ》であり、産土《ウブスナ》大神である事を理解致したのであります。我々人類は、我々の生命の母体たる大地が、どんなに深い絆で直接我々の生命《イノチ》と繋がっているか良くお解りの事と思います。

往き帰る足ふむごとに産土の

神の恵みを思へ世の人
本田　親彳

この様な御神歌は、私達に恩頼《ミタマノフユ》を賜ひ、御稜威幸栄へ給ふという、神と人間との間に何物も介入いたす事の出来ない真理を詠まれております。

五、人間《ヒト》

㋑　人間の原理

人間《ヒト》が人間《ヒト》として存在する原理、人間《ヒト》の成り立つ、誕生する原理。その人間の存在する始めは、神より賦与《フヨ》された靈魂《レイコン》に依って、体《タイ》を通して、肉体を通して人として存立しているのです。

其の図（自然法）

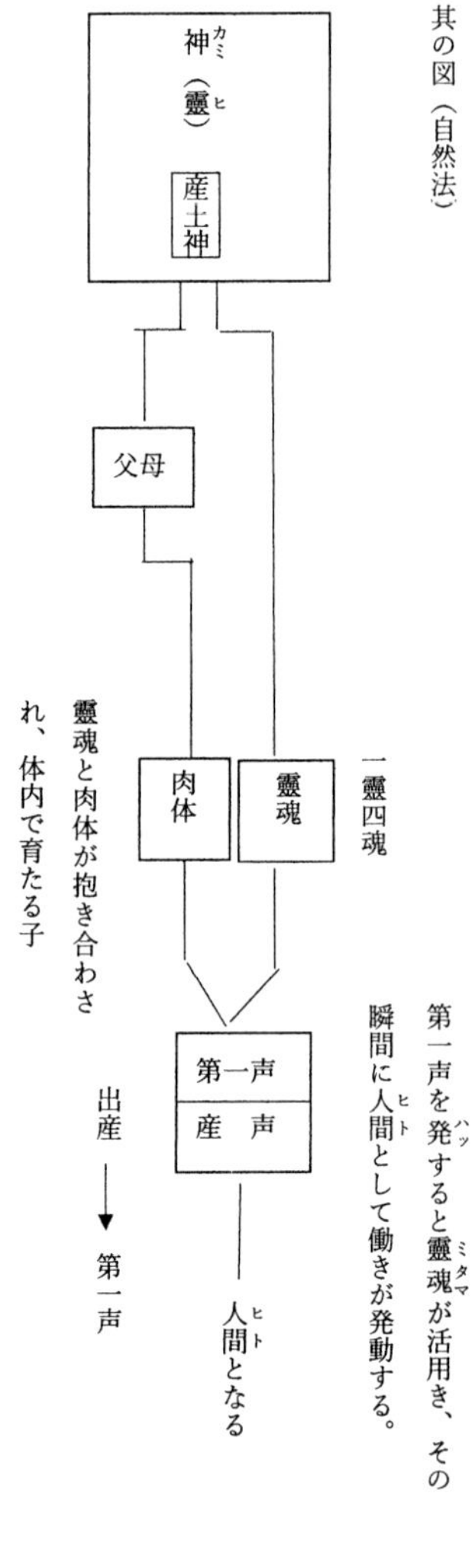

（人の原理）

この四つの段階を経て靈魂を以て肉体を維持、活動している。四つの段階から我々が人《ヒ》間《ト》としての活用《ハタラ》きとなる。

原理（自然法）

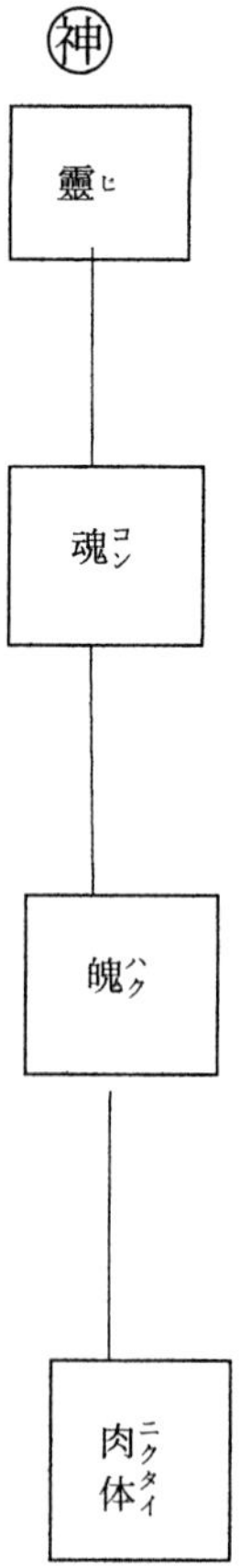

（原理）

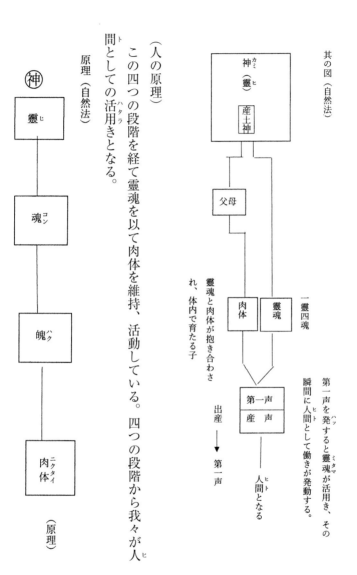

靈《ヒ》 ― 人間としての活用《ハタラ》きの本源《ホンゲン》（靈《ヒ》と魂《コン》までは無形）。

魂《コン》 ― 靈《ヒ》が活用《ハタラ》いた状態、活用《ハタラ》きそのもの。

魄《ハク》 ― 肉体を維持し活動させる為に必要となるもの。魂が肉体に活用き、肉体より発してくる。

㋺　五段階（自然法）

人間と動物の違いは、人間には心があるが動物には心が無い。

人間 ――▼ 五魂（直靈《ナオヒ》（心）、和魂《ニギミタマ》、荒魂《アラミタマ》、奇魂《クシミタマ》、幸魂《サキミタマ》）（その活用《ハタラ》き）

動物 ――▼ 四魂（荒魂《アラミタマ》、和魂《ニギミタマ》、奇魂《クシミタマ》、幸魂《サキミタマ》）

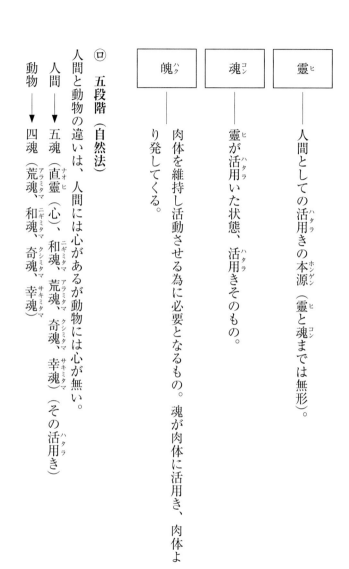

六、靈《ヒ》

㋑ 靈《ヒ》

靈《ヒ》——何故、靈を「ヒ」と言うか。中國では、「レイ」と言う。

靈《ヒ》は（雨）と（口口口）と（巫）の三つに分解される。

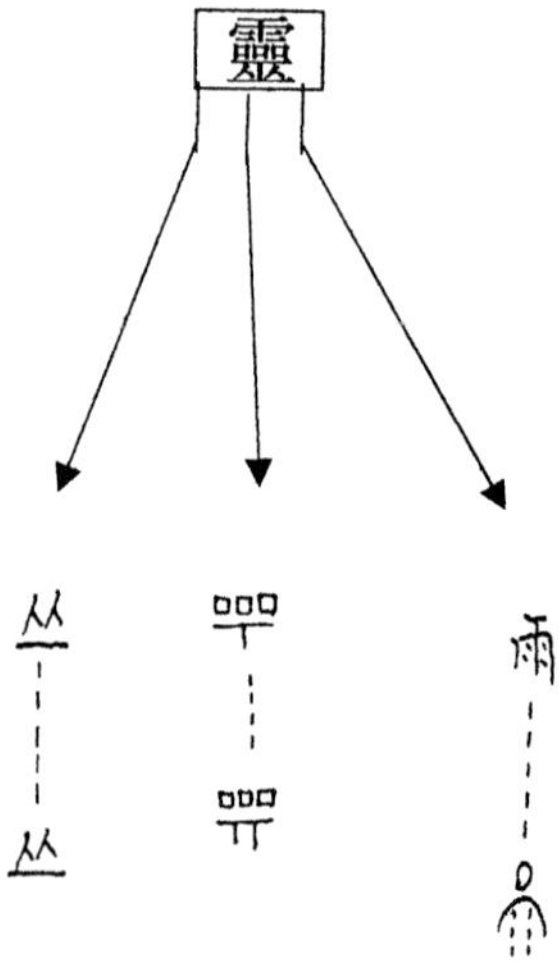

図は象形文字、これは太陽であり、天である。天の中心に太陽があり氣象をもたらす根源を意味する。太陽が光と熱を以て氣象を始め、あらゆるものを生成化育する根源である天の恵み。

お供えもの。

大地にひざまずいて拝んでいる姿。

㋺　靈《ヒ》の意味

形象に依って人間が大地にひざまずいて、お供え物を行い、天を仰ぐ姿という事は、言い換えれば、生なる根源を湛えているエネルギーの源《ミナモト》、生命力の根源を意味している。人間が生きていくのに絶対不可欠なものの一つである太陽、即ち、光と熱が人間の生命力の根源の一つである。熱だけではなく、水も空氣も絶対必要である。人間の力では熱、光、水、空氣を人工的に創り出す事は出来ない。

大和言葉で靈《ヒ》を見ると、火、陽、日等をみてもエネルギーの元を「ヒ」と言っていた。それ故、この靈《ヒ》を中心に二次的、三次的に火、陽、日として我々が生きてゆく上で必要なものであることが解る。

靈《ヒ》———靈力、神靈。

㋩　人間としての授かる理《コトワリ》

正法（正しい靈止《ヒト》の誕生）（自然法）

㈡　人《ヒト》の誕生

人は普通、成人した男女の若者が、産土神の縁《エニシ》に依り結ばれます。出会いは種々《クサグサ》であれども、結ばれた後は、役所に婚姻届を出し、その家の籍に入る。これは産土神にも、その事は記録される。若い夫婦は軈《ヤガ》て子宝に恵まれる事と成ります。人は総て次元の違う所より産靈《ムスビ》の神の活用《ハタラ》きにより、靈止《ヒトド》まる両親より生まれ、生《ア》れ出ずる時、奇靈《クシビ》な産土神の分《ワケ》靈《ミタマ》として、靈《ヒ》を授かります。

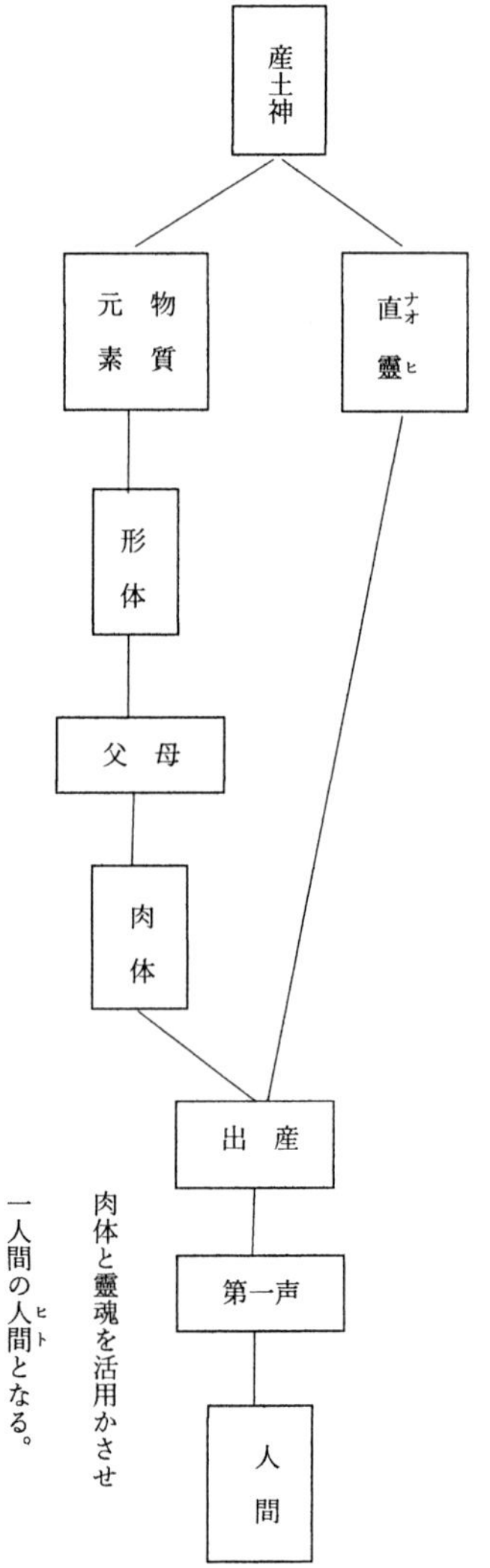

「その授かった靈《ヒ》（直靈《ナオヒ》）は、天津神の活用き（七）、國津神の活用き（三）、数字で言えば、三七の割合で日本人は神の分靈《ワケヒ》として授かります。

授かった靈《ヒ》の本質は、神も人も同じ。但し、靈《ヒ》は人間として肉体を持った時と、肉体を離れた時は、その活用《ハタラ》きが違う。靈《ヒ》そのものの本質は神も人も同じ。それ故、人は神の子なり。神の子なるが故、人間の尊厳《ソンゲン》がある。」（昭和四十一年一月二十一日、昭和四十一年一月二十四日）

㋭　人は何の為に生まれて来るか、生れ出ずる人の使命

人は総て自己の意志に依って此の顯世《ウツシヨ》に生《ア》れ出でし者ではありません。総て、神の御意志《ゴイシ》によって、此の顯世に生《ア》れ出《イデ》て来ます。

この顯世《ウツシヨ》の人達は、神より見れば、各人どの様な職業、どの様な地位にあろうとも、総て、此の顯世に生《セイ》を受ける者は、何等かの使命を帯びて生きている。人はただ、良き學校に行き、良き会社に就職して、良き人生を送ればと思ふは僻事《ヒガゴト》（心得違い）であります。人は生業《ナリワイ》にはげみ、學生は學業にはげみ、各人、産土神《ウブスナ》より賜わりし御靈《ミタマ》（一靈四魂）の活用《ハタラ》きを自在に活用して、世の為、人の為、又、神の為に盡《ツク》す事が重要であります。

直接、神に奉仕致さなくとも、職場に在《ア》っては、良く人間《ヒト》に仕え、世の為に成るならば、それはやがて其の人が一生を終わり、此の顕世《ウツシヨ》を去りて幽世《カクリヨ》の産土神の許に帰られた時、或いは位高き神にも相成《アイナ》り、其の四魂《シコン》の活用《ハタラ》きは、神として活用《ハタラ》く事にも相成《アイナ》る。

この世の中には、種々《イロイロ》の職業を持っている人、種々《イロイロ》の宗教を信じている人、種々《イロイロ》の考え思想を持っている人等、亦、偉大なる政治家であったと言われている人、大金持ちの人や社会奉仕を一生懸命して社会に奉仕している人、社会思想に犯されて學校の教諭として、真白《マッシロ》な純真無垢《ジュンシンムク》な小學生等を教育する事を職とする者、公務員でありながら、時の政府に対して、赤旗を立ててデモをする公務員等、総て民主主義と言う他國《タコク》で発生した思想にかぶれて、何でも自由である等、本来の日本人のあり方を求めて行動するならいざ知らず、人間は産土神の御稜威《ミイツ》に依って生《セイ》を受け、成長し、成人として家庭を持ちて、活躍し、やがて大成して老いて、子孫にあとをたくして、此の世を去る。ある例として、この様な人生を送る。その功績に依って社会より、政府より表彰されます。名誉この上も無い事であります。

人間は最も望むもの、名、位、寿、福でありまして、この名誉は、自分の生前の事で終わりであろうか、その後も続くのでしょうか。それは何十年続くのでしょうか。普通の人は知りません。何故に知らないでいるのだろうか。しかし、そういう中の関わり合いは、どの様な意味をもつのか。この地球上の総ての生き物、動物、植物、鉱物、我々人間の生命は、産土神《ウブスナ》より賜わり、この世を去る時は如何なる状況で去るのか。その後は何処《イヅコ》へ去るのか。その去り往《ユ》く彼方《カナタ》には如何《イカ》なる世界が存在するか、存在しないのか。我々の先人達は悩み、苦しみ、生《セイ》に楽しみ求め、死後が解らぬ故に畏《オソ》れた。

七、人間《ヒト》と一靈四魂《イチレイシコン》

凡そ皇學（靈學）を修むる者は、一靈四魂《イチレイシコン》のある事を知らなくてはならない。我々の靈《レイ》魂《コン》は産靈《ムスビ》の神より分け与えられたものであり、即ち、分靈《ワケミタマ》である。故に人《ヒト》とは靈止《ヒト》どまると解されている。

㋑　人間《ヒト》の構成

靈魂《レイコン》（一靈四魂）＋肉体＋魄＝人間《ヒト》。
一靈四魂＝直靈《ナオヒ》（心）・和魂・荒魂・奇魂・幸魂。

㋺　二次的に現われるもの。

五魂の活用《ハタラ》き、五情、精神。

㋩　人間の成り立ち

①分靈

母胎に産土神より分靈《ワケミタマ》を賦与《フヨ》（神の意志）→瞬時に受精→胎内で成長→誕生→赤子→幼少→少年→青年→成人→壮年→老年→老人→死亡（産土神の神意《シンイ》に依って靈魂《ミタマ》を引き取る）（人格を消失し、遺る靈魂《ミタマ》は靈格とし、身異《ミコト》なって命《ミコト》と成る）

②道之大原（四魂）

道之大原に「萬物の精神亦神の賦与《フヨ》する所。然りと雖《イエド》も其の受くる所の体《タイ》に尊《ソン》あり卑《ヒ》あり大あり小あり、故に各々善あり悪《アク》あり賢《ケン》あり愚《グ》あり、其の千変萬化《センペンバンカ》究《キワメツクス》尽《ナ》無きが如し」と説かれ。

又、「荒魂《アラミタマ》は神勇《シンユウ》、和魂《ニギミタマ》は神親《シンシン》、奇魂《クシミタマ》は神智《シンチ》、幸魂《サキミタマ》は神愛《シンアイ》、乃《スナワ》ち所謂靈魂《イワユルレイコン》にして、直靈《ナオヒ》は之を主宰《シュサイ》す。俗學《ゾクガク》識《シ》らず、荒和《コウワ》を以て心の体《タイ》と為《ナ》し、奇幸《キコウ》を以て心の用《ヨウ》と為《ナ》す。直靈《ナオヒ》の何物為《ナニモノナ》るを知らず、豈《ア》に悲しむべき哉《カナ》」と有る。
此の説の如く宇宙の活物《カツブツ》は、それぞれ四魂を有してはいるが、「直靈」を所有しているのは人間のみである。故に前に述べた「靈止《ヒト》」なるは此の謂われであり、萬物の「靈長《レイチョウ》」たる所以《ユエン》も之に依る処《トコロ》である。

㈡　顧靈《コレイ》

尚、直靈《ナオヒ》は、「顧靈《コレイ》」とも言い、省《カエリ》みる靈《タマ》とも言われている。我々人間社会は、此の省《カエリ》みる靈直靈《レイナオヒ》の活用《ハタラ》きを以て、共に手を擔《ニナ》え共存共栄の道を歩むべきであり、此れが神の道でありまして、惟神《カンナガラ》の道でもある。我々人間の性質が異なるのは、何故かと言えば右に述べている神の賦与《フヨ》たる四魂の「軽重《ケイジュウ》」に依り、各種各様に性質が違っているからである。

㋭ 神律の幽顕《ユウケン》に及ぶ図

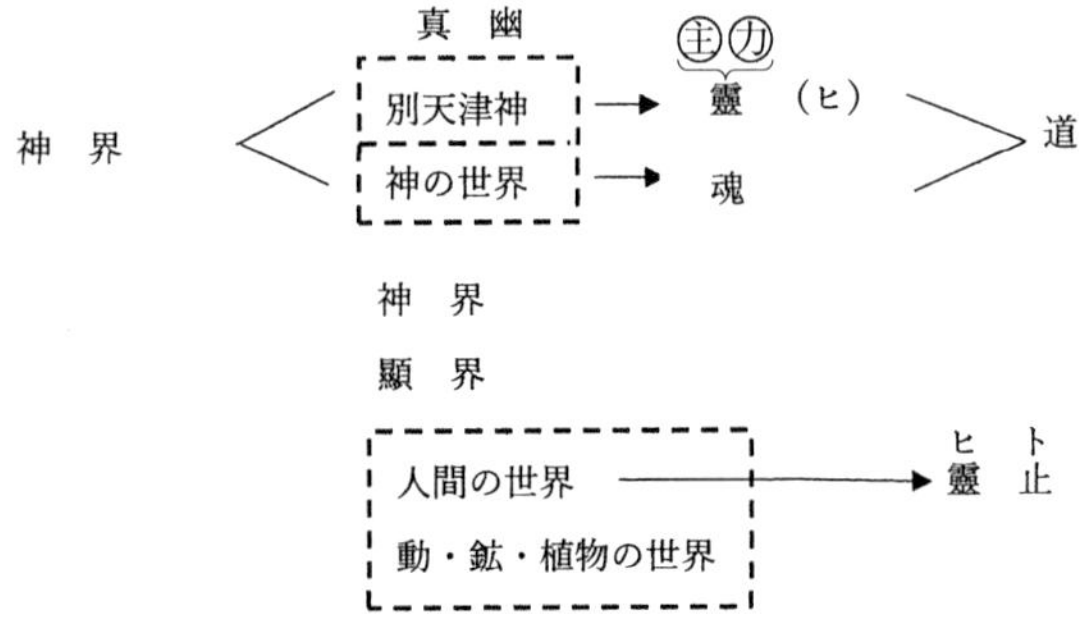

◎靈《ヒ》より体《タイ》に止《トド》まる図

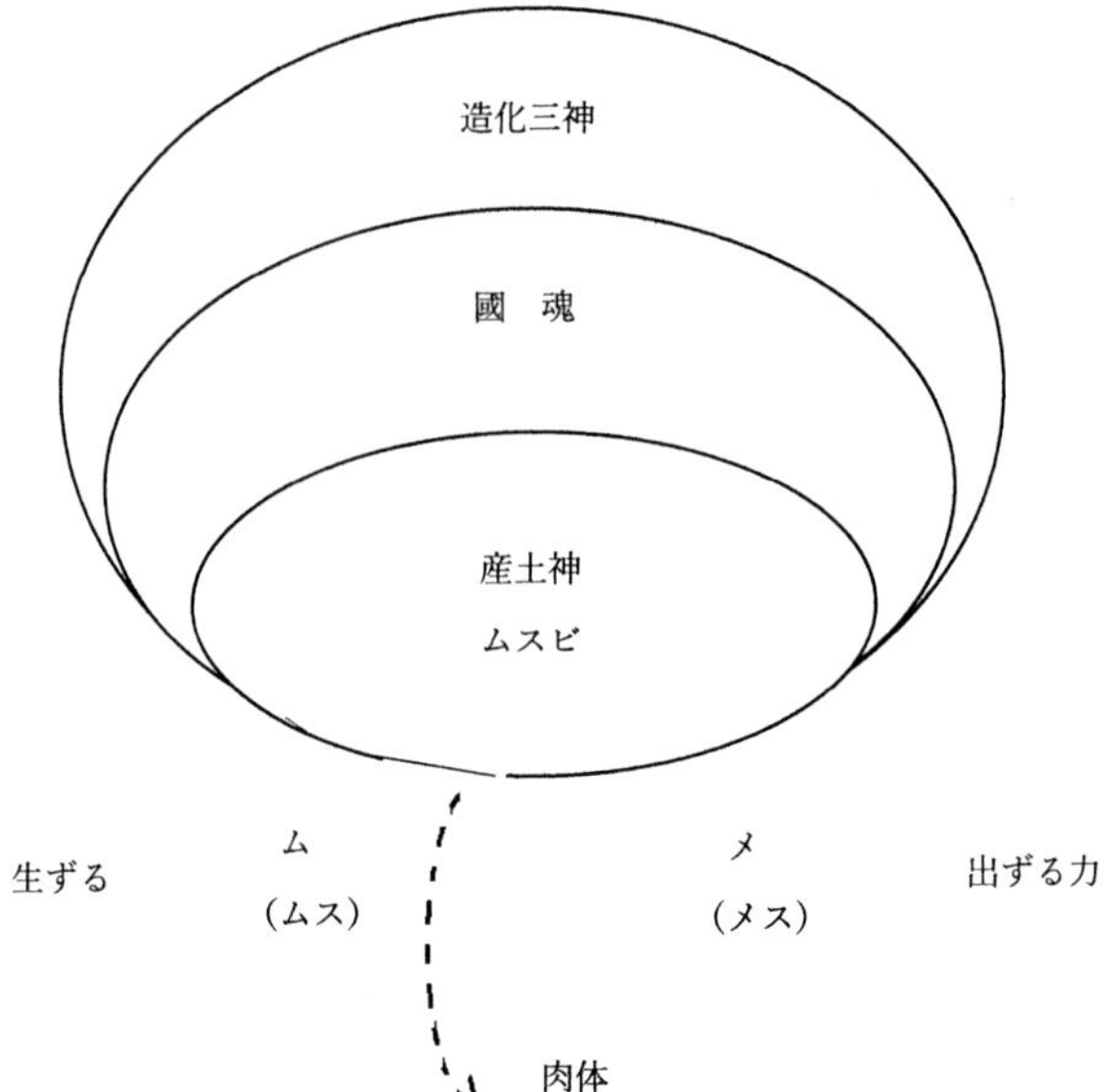

(へ)一靈四魂（直靈・和魂・荒魂・奇魂・幸魂）

①直靈《ナオヒ》――省＝かえりみる。よくみる。

一、直靈は高皇産巣靈神より授かり、神皇産巣靈神に帰る。

一、直靈とは四魂を統括主宰《トウカツシュサイ》する。故に四魂の主とも言う。

一、直靈は萬代までの珠《ウズ》の御宝《ミタカラ》、神の賜物、神の御心。

一、天地の巡運《メグリ》は、直靈の活用きによる。

一、神の大御心は直靈の活用きなり。

一、直靈は過ちの未だ萌《キザ》さざるに消すものなり。そして魂は各々活用きがありて、直靈は其の中にあり。故に此れ直靈なり。

一、直靈は直靈だけで独立しているのでは無く、靈の活用きを制御し、魂として活用く故、直靈は各魂の至精至微《シセイシビ》の名にして、各々の決を直靈にとれば、善を善とし美を美とするなり。故に裁制断割の意に分かれるなり。

一、心の活用きをする。

②和魂《ニギミタマ》――畏＝おそる、こわがる。國訓では、かしこし、かしこむ、かしこまる（親し

き心、慈順謙遜）仁愛和楽。

和＝穀物（食物）を口にしている時はやわらいだ氣持ち、睦まじい、和合「平らか、たいらぎを為す」

一、和魂は和合親愛《ワゴウシンアイ》の情である。この情、萬物博愛の情となり、人類愛の基本となり、治國平天下の法となるべきもの。

一、和は親なり、平なり、交なり。

親＝良く見なれた人、親しむ、近づく、仲睦まじい。

平＝たいらか、等しい、正しい、おだやか、和楽慈順。

交＝交わる、かわす、謙遜。

③荒魂《アラミタマ》――覚＝さとる、あらはる（発覚）、あきらかにする、おぼゆる（感知する、感ずる）、さむ、さます。

一、体に関係してくる（肉体を構成する上で荒魂が主に活用《ハタラ》く）

一、國家の為に尽す義、天地と共に立つべき厳《イズ》の御柱《ミハシラ》、義侠強忍。

一、荒魂は道の為に活用《ハタラ》く（天皇、國の為にと力尽す事は荒魂）

一、世の中のしくみ、又、もの等あらゆる事に活用くなり。

道の為には、あらゆる困難《コンナン》があっても進むもの。

公共のことには励んで行なふ事。

道の為には倒《タオ》れるまで進む。

陛下の為、國の為にと道に従って働けば、自ずと品位の定まるもの。

勇 → 勇＝身体の中より湧《ワ》き出る力。

④奇魂《クシミタマ》――恥《ハジ》＝はじ、はづ（不正の意思行為に対する心のとがめ）、はずかしむ。

一、倚《キ》――くすし、不可思議、奇行、奇妙、ひそか。

一、奇魂は常闇《トコヤミ》の世を照らす神の玉《タマ》、奇《ク》しき活用《ハタラ》き。

一、奇魂は智《チ》なり、巧なり、察すなり。

智＝賢い、慧《サト》い、思慮が深いこと。

巧＝うまい、器用なわざ、上手、巧智《コウチ》。

察＝つまびらか、よく知る、あきらか。

一、奇魂――覚は厳の奇魂。

一、萬事、奇魂の神に議《ハカ》りてなすべし。

⑤幸魂《サキミタマ》――悔＝くゆ（くやむ、前非を悟ってくやしく思う、くい改める）

一、幸魂は國の為、家の為につくす活用《ハタラ》きなり。

一、子を思ふ親の心なり。

一、幸魂は國の為、家の為になる宝主《タカラヌシ》なり。

一、幸魂は愛なり、益なり、育《イク》なり。

幸＝さいわい、しあわせ、吉祥、みゆき。

愛＝いつくしむ、めぐむ、かわいがる、めでる。

益＝水皿に水があふれる程入っている、為《タメ》になる、増す、ふやす。

育＝そだつ、生長する、大きくなる。

㈦　人間《ヒト》の五魂の活用《ハタラ》き

①荒魂《アラミタマ》→勇魂《ユウコン》
勇猛――勇ましく強い事。果断――思い切って行う。
義侠――強きをくじき弱きを助ける。強忍――忍びがたきを忍ぶ。

②和魂《ニギミタマ》→親魂《シンコン》
仁愛――恵み慈しむ事。他人の苦しみや悲しみを除いて喜びや楽しみを与える事。
和楽、謙遜――やわらぎ、楽しむ事、自分を卑下する事。

③直霊《ナオヒ》→省魂《カエリミルタマ》

④奇魂《クシミタマ》→智魂《チコン》
知識、才略
學藝《ガクゲイ》、技術

⑤幸魂《サキミタマ》→愛魂《アイコン》
福利――幸福と利益。寿康《ジュコウ》――長生きさせて安らかな事。
博愛――広く愛する事。

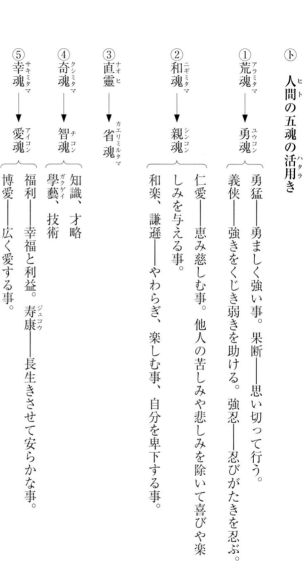

㋠　**妙用――　活用《ハタラ》きの再分化**

①荒魂　妙用　進、果、奮、勉、克　｛只荒々しいという意味より、此の荒魂を以て物事を判断し、決断、実行力という意もある。

②和魂　妙用　平、交、修、齋、治　｛柔和、成熟などの徳を備えた神靈。

③奇魂　妙用　巧、察、感、智、叡、悟　｛不可思議な力を持つ神靈。

④幸魂　妙用　益、育、造、生、化、嗜好　｛人に幸を与える神の靈魂。

㋷　**五魂の正邪の活用《ハタラ》き**

正に活用く場合　　　邪に活用く場合

①荒魂・・・・・・・・勇魂《ユウコン》 ←→ 争魂《ソウコン》・・・・・・・・荒魂

②和魂・・・・・・・・親魂《シンコン》 ←→ 悪魂《アクコン》・・・・・・・・和魂

③直靈・・・・・・・・省魂《カエリミルタマ》↔曲魂《キョクコン》・・・・・・・・直靈
④奇魂・・・・・・・・智魂《チコン》↔狂魂《キョウコン》・・・・・・・・奇魂
⑤幸魂・・・・・・・・愛魂《アイコン》↔逆魂《ギャクコン》・・・・・・・・幸魂

㋦　神則

①父母の間に於いて

神則に依る受精にて、やがて生まれ来る赤子《アカゴ》は、一靈四魂を授かって生まれます。

一方で、今盛んに医學界や遺伝子學界等で行われています人工授精とか遺伝子を組み換える等は、曲津靈《マガツヒ》よりの影響を受け易く成ります。それは自然法で無く、違法に依る行為だからです。特に人為に依る受精（人工授精や体外受精など）の場合は、一靈四魂の内の一靈（心）の無いか、ごく薄い一靈《イチレイ》の御魂《ミタマ》に成り易い事となりましょう。その様な子供の一生を終わる迄の追跡調査が必要であり、そのデータが必要と成ります。「日本産科婦人科学会によると、２０１８年の体外受精の件数は約45万件超。約５万７千人の子どもが誕生しており、この年に生まれた子のおよそ16人に１人の割合です。体外受精以外にも治療を受けている人は多く、全体像は分かりません。」（『静岡新聞』令和２年10月７日朝刊）

とあるように、今、多くの割合で、その様な子供が生まれている事を御存知でしょうか。心の薄い動物に近い人間《ヒト》が出来易いという事となります。此れを医學が人間と直結していながら、肉体の事ばかりを研究し、人間《ヒト》の一番大事な心、靈魂の事は殆ど知らぬ事でありまます。

人間《ヒト》は靈魂《レイコン》と肉体より成立しています。肉体に直靈《ナオヒ》（心）が止《トド》まる故、靈《ヒ》止《トド》まる故、靈《ヒ》止《ト》と申す事を心に止《トド》めて下さい。一番良き子供が出来、育ちが良い子供が授かるのは、女性の十九歳の厄年《ヤクドシ》～三十三歳の厄年の間が目安であります。余談ながら一言。

②人間の一生の経過の図(1)
正法（正しい靈止の誕生）。自然法

神則《シンソク》に依る靈魂《レイコン》の授かる図

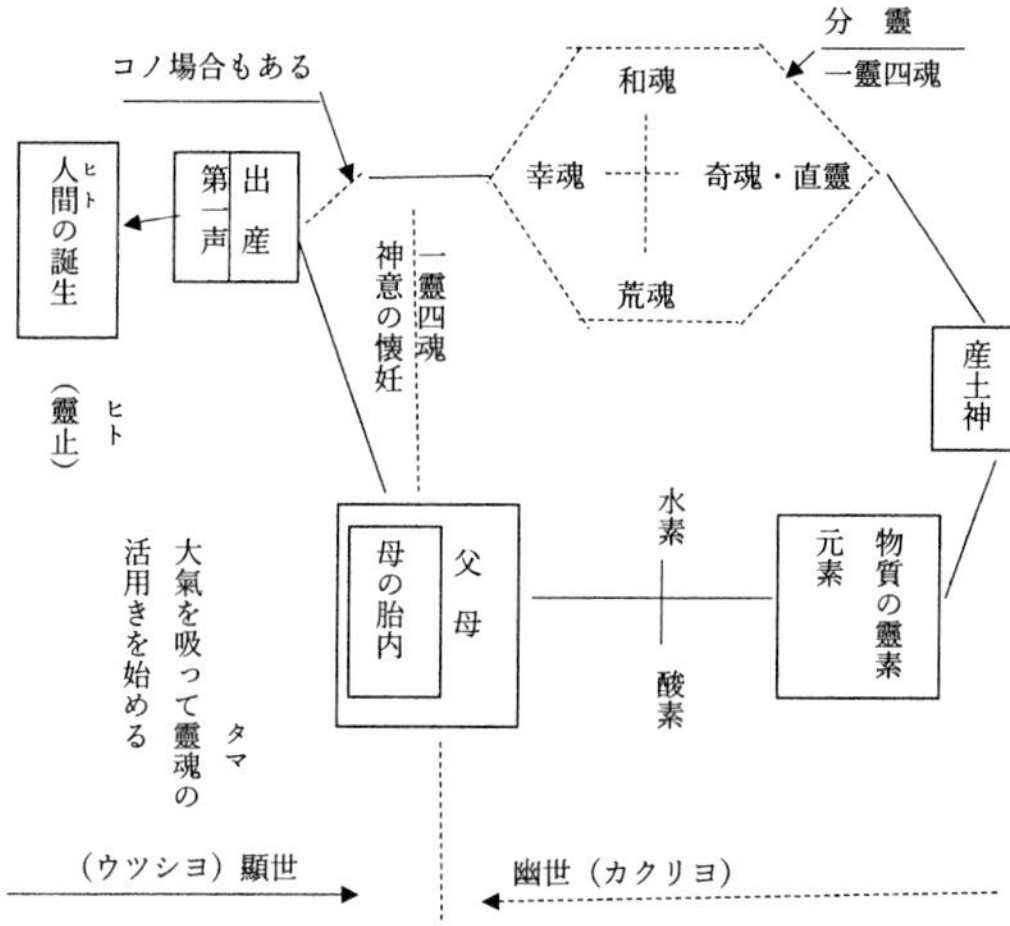

イ、神は人間《ヒト》を守るのが使命の一つ。

ロ、神の靈《ヒ》と人間《ヒト》の靈《ヒ》は同質であり、活用《ハタラ》きの大小の違いなり。

ハ、人間《ヒト》は神の分靈《ワケヒ》として一靈四魂を授かり、人間の生命であります。

ニ、神はある期間人間《ヒト》を必要とし人間は神の守護を願う。

ホ、神は人間の母親の胎内《タイナイ》に産巣靈の活用《ハタラ》きに依って一靈四魂の靈魂《レイコン》を授け、それに前後して受精をする。

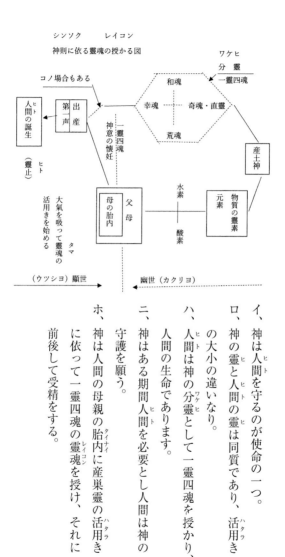

③人間の一生の経過の図(2)
五魂の活用きと肉体の成長の略図

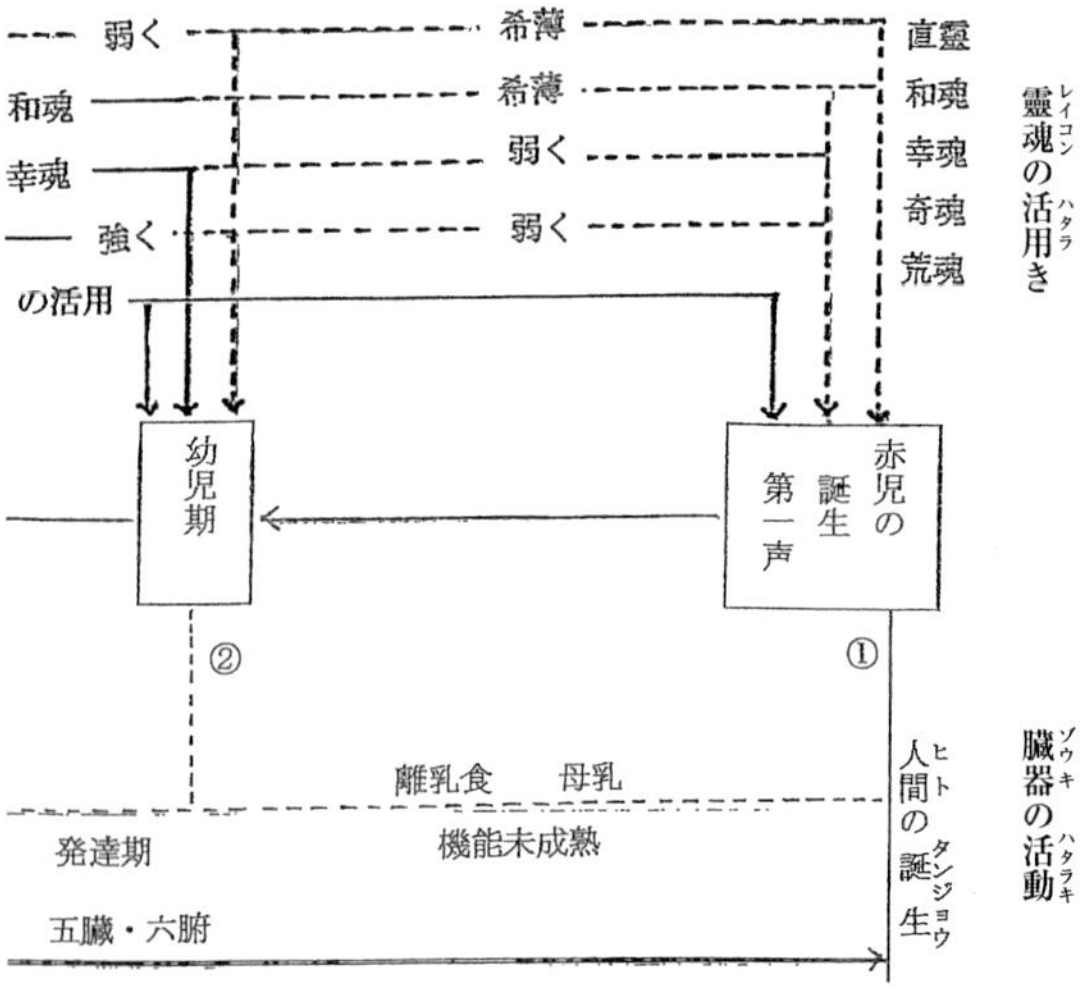

①の段階

イ、赤児の誕生し、第一声を発すると同時に五魂の活用きが始まる。亦、大氣を吸い、肺臓の活動が始まる。同時に五魂が活動する。

ロ、肉体を育成するには、五魂の内の荒魂が主に活用く。

ハ、肉体は靈魂を留《トド》め靈統を継ぐ。父母を通して血統と遺伝子を継ぐ。

ニ、出生届けと同時に産土神に認知され、人間として幽顕に認知される。

①・②の段階に於いて

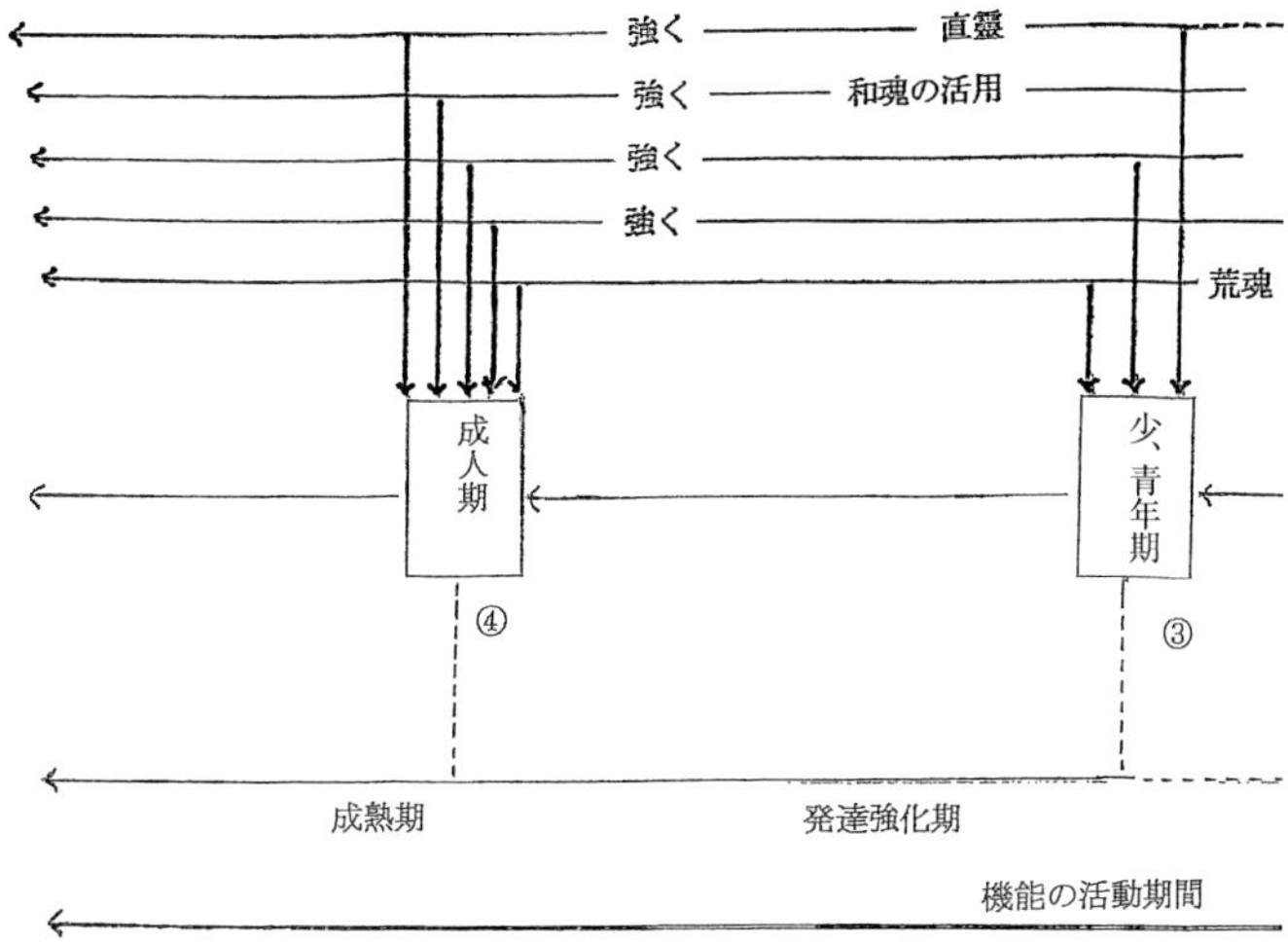

靈魂の活用きは、肉体の育成と維持は、荒魂の活用きが主で、幸魂・奇魂・和魂と續き直靈は四魂を統括する。

②の段階に於いて

育て方を間違えると、後々迄影響する。

三つ児の魂《タマシイ》百迄。

③の段階で

靈魂の活用きは、荒魂は体力、奇魂は知識學、和魂は仁愛・和楽、幸魂は福利・博愛、直靈は各魂を統御し、省魂を増す。

④の段階は

靈魂の活用きは、直靈の活用きを最大限必要とし、次に、和魂主に奇魂・幸魂・荒魂の四魂を強くてしなやかに活用して、人格を形成すべし。

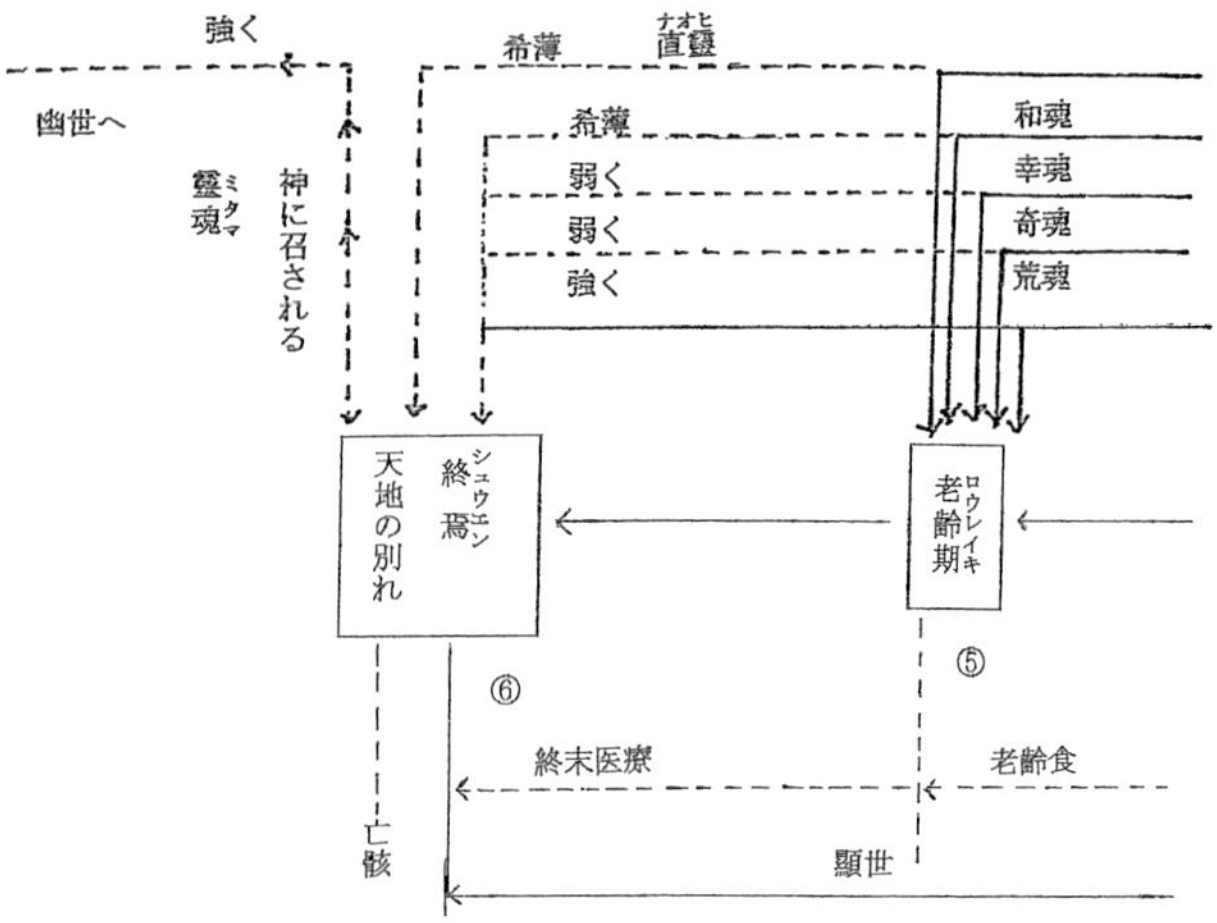

⑤の段階

イ、肉体は衰えるも、靈魂は衰える事は無く、特に直靈《ナオヒ》・和魂は靈格・靈性も増す。奇魂は學べば學ぶ程に知識は増すが、記憶力は体力に依る。荒魂は肉体の維持に活用く。

ロ、人間の肉体は、成人期より衰退期に向いはじめる。荒魂の活用きも人間《ヒト》に対する神則に準じた活用きをする。

⑥の段階

イ、老齢期に入って特に、肉体の衰えが進んで次の段階に向かう。これはその人間の寿命に従って、荒魂の活用きがあり、衰えることは肉体の維持力が衰えることで、記憶力が衰え、我欲が強まる。しかし老いて益々、和魂・直靈のみが増す。

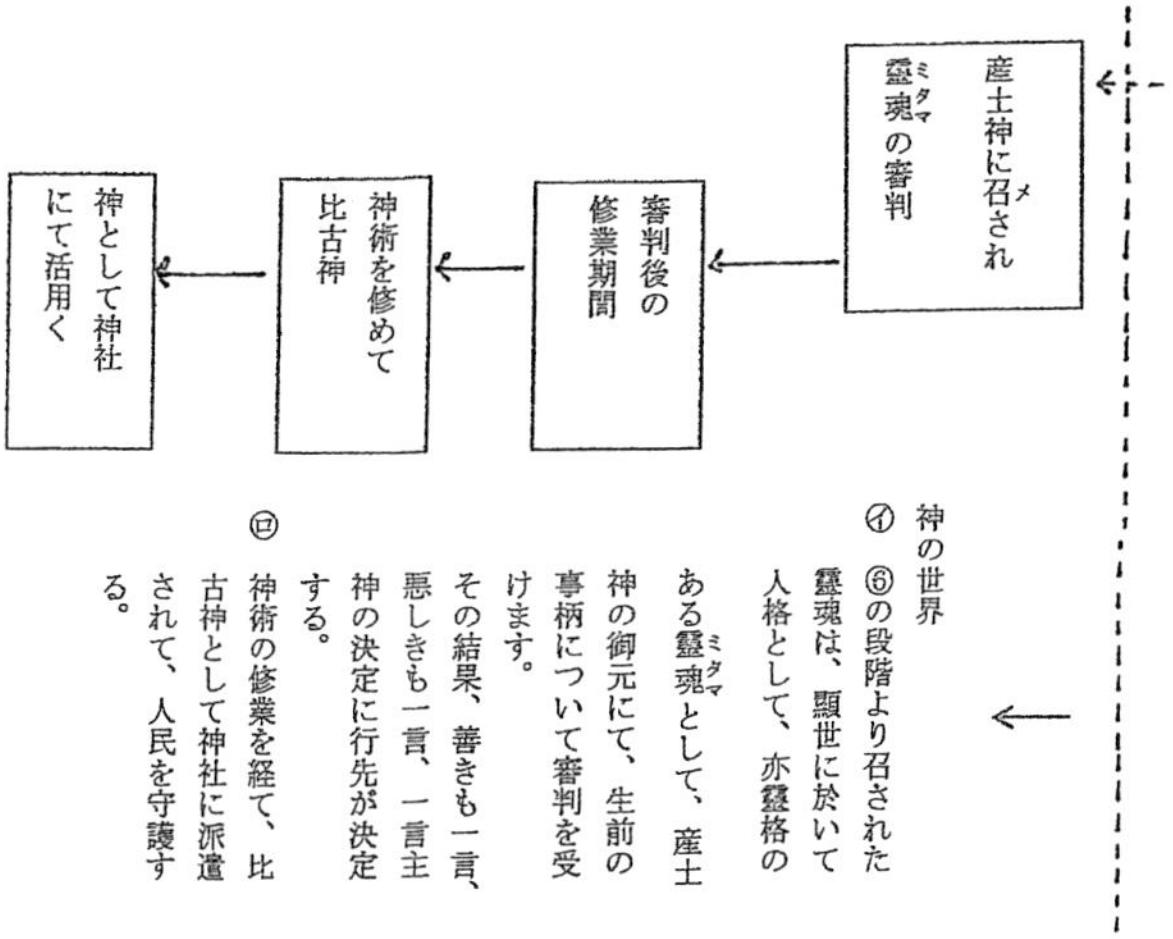
産土神に召《メ》され
靈魂《ミタマ》の審判
審判後の
修業期間
神術を修めて
比古神
神として神社
にて活用く
神の世界
㋑ ⑥の段階より召された靈魂は、顕世に於いて人格として、亦靈格のある靈魂《ミタマ》として、産土神の御元にて、生前の事柄について審判を受けます。
その結果、善きも一言、悪しきも一言、一言主神の決定に行先が決定する。
㋺ 神術の修業を経て、比古神として神社に派遣されて、人民を守護する。

植物状態も同じ

ロ、肉体の衰えに反し靈魂の活用きは衰えは無く、それに反して、直靈は靈格を増し、確固とした人魂の確立に向かいます。魂の活用きは、直靈・和魂・幸魂・奇魂・荒魂と續きます。

ハ、終焉の段階に於いて、直靈を始め四魂は神則に依って決められた寿命が尽きた故、産土神に依って靈魂《ミタマ》を召される。神の御元に還ります。後に残りし靈魂《ミタマ》の無き肉体は亡骸と成ります。

④人為に依る受精（自然法に対して異法）の図
異法《イホウ》で誕生した魂人《コンジン》

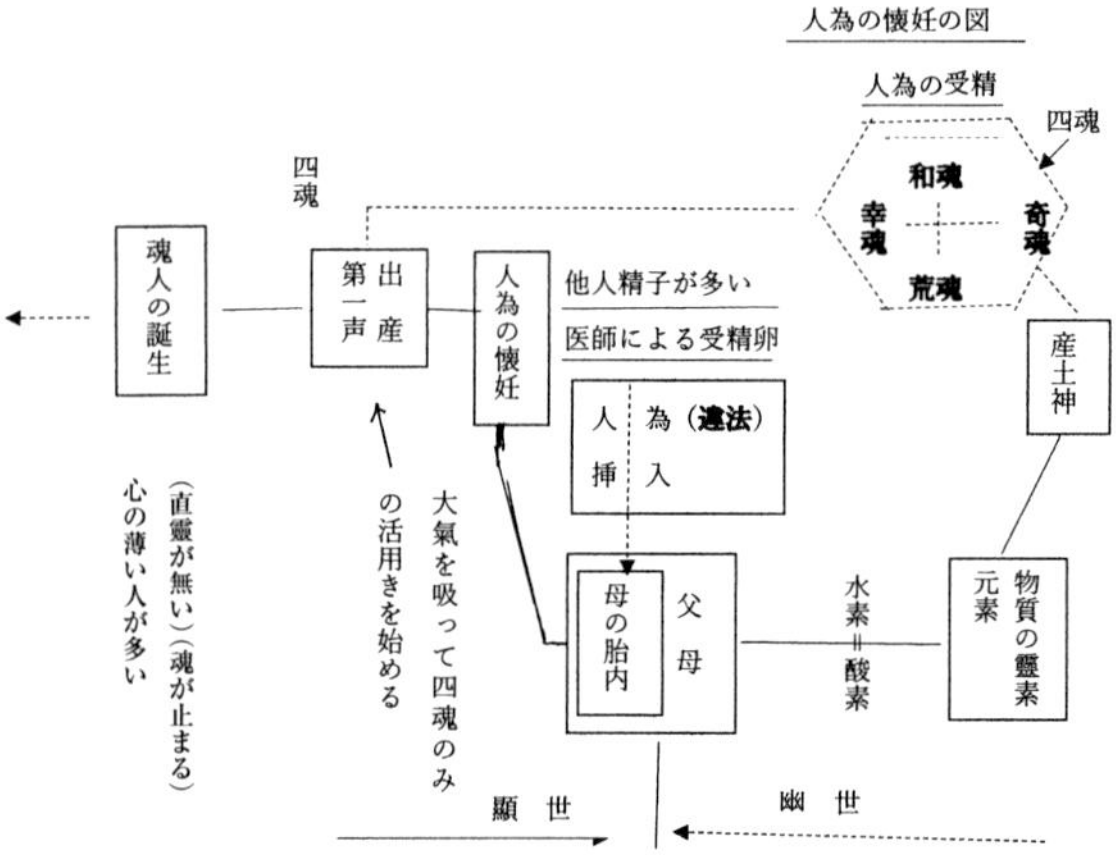

◎特別注意事項

イ、人為に依る受精（人工授精、体外受精など）は大自然を乱す一歩であり、自然法に反する。

ロ、人為に依る受精を許可した政府、医師会、亦、行った医師は人為の懐妊に依って誕生した子供のその後の様子等、終焉まで、せめて五年毎に追跡調査をして公に報告する責任がある。

①その子の精神状態
②身体的異常
③子供の時期・青年期・成人に於ける異常

⑤植物状態の図
◎靈魂《レイコン》の活用《ハタラ》き

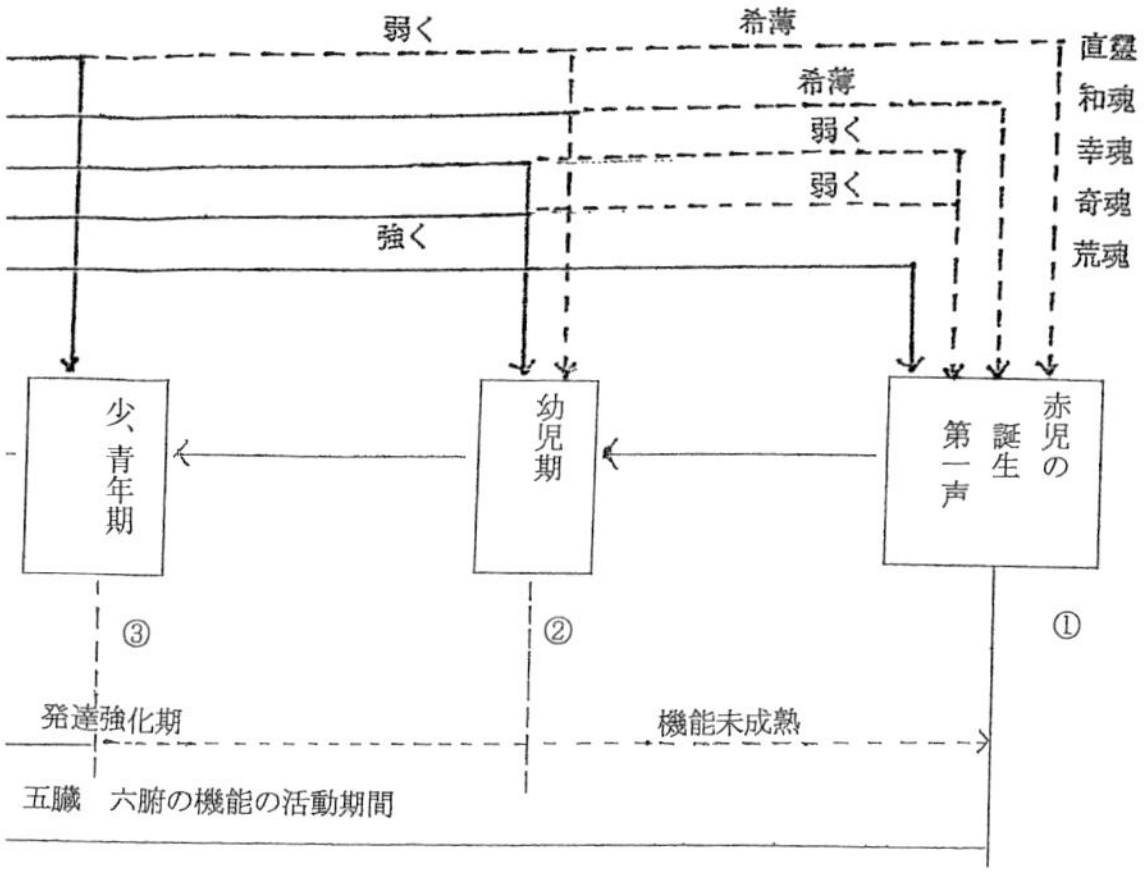

植物状態

一、人間が、病氣でか、事故の結果等に依って、医術に依った結果、生命維持装置を付けて延命した寿命。

一、脳死として一部の臓器を移植するが、人命を助ける為として、現在は正当化されるが、実際は神則に反し違法であり、死した後に審判を受く。臓器を取り出したと同時に神界は、その人間の靈魂を召し上げる。

一、神界は、臓器移植を許可しない時は、病状を続けることを許さず、靈魂を召し上げると同時に臓器を停止する。

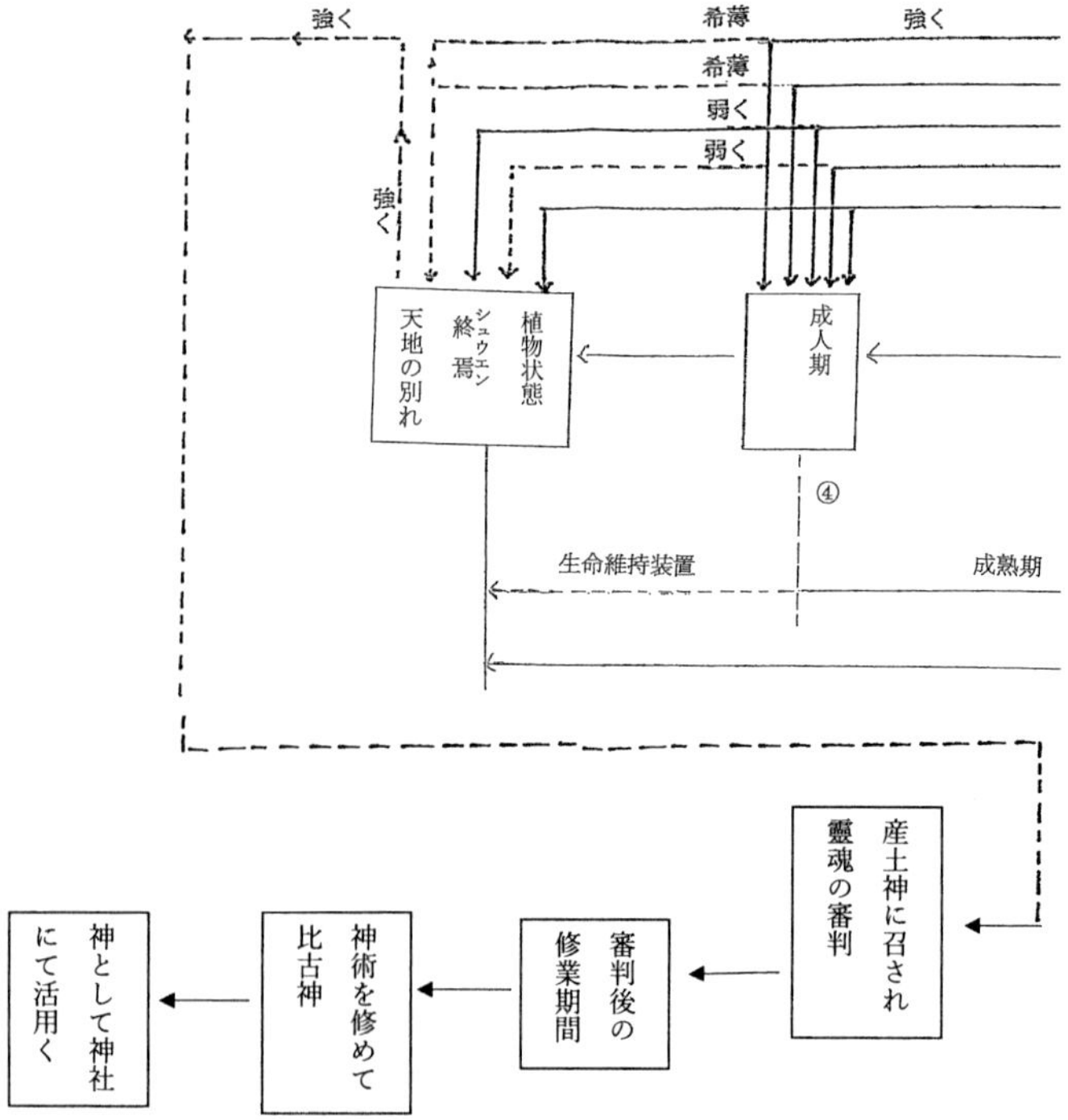
強く
希薄
強く
希薄
弱く
弱く
強く
植物状態
終焉《シュウエン》
天地の別れ
成人期
④
生命維持装置
成熟期
産土神に召され
靈魂の審判
審判後の
修業期間
神術を修めて
比古神
神として神社
にて活用く

八、直靈《ナオヒ》の活用き

○人間の場合は直靈《ナオヒ》があります。直靈は、活用《ハタラ》きがそれぞれの状況により、荒魂に成ったり、和魂に成ったり、幸魂、奇魂に活用《ハタラ》くのである。靈《タマ》自体は直靈一つでありますその活用《ハタラ》きが四魂に分かれて活用《ハタラ》く。

○動物の場合は、直靈が無く、直ぐ四魂に活用くのである。

○人間の場合の図

産土神より授かった
靈魂《ミタマ》

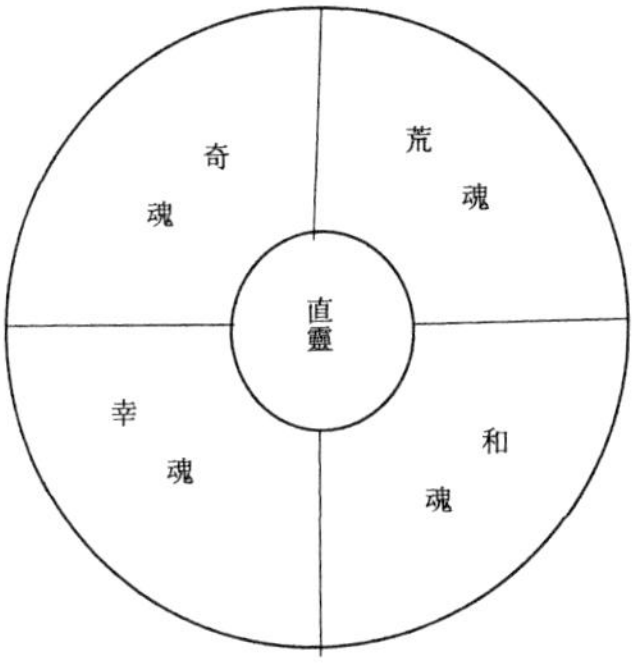

此の四魂の中に直靈が
含まれる

○動物の場合の図

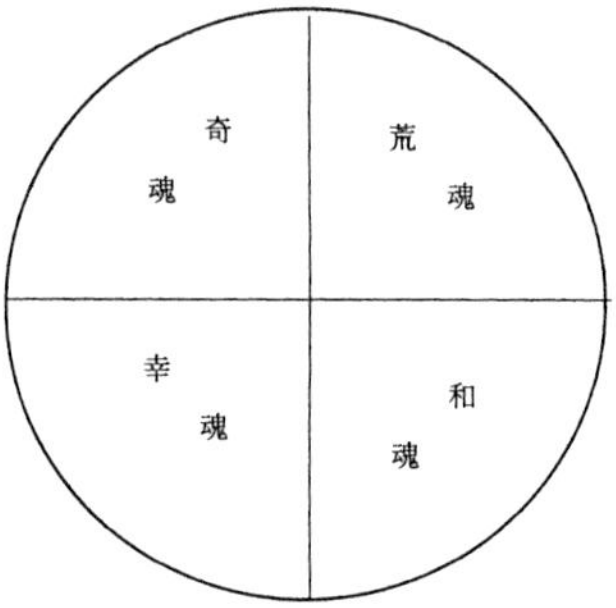

動物は四魂だけ。
直霊《ナオヒ》の活用《ハタラ》きは無し。

産土神より授かった
霊魂《ミタマ》

九、人間《ヒト》の活用き（魂《コン》）

人間は賦与《フヨ》された直霊の活用きを、どの用に表現するか。
人間を見るに、顔や体の全般的なスタイル等は、皆それぞれ違っています。性格も当然、人間《ヒト》はそれぞれであります。違いは何によって違うのでしょう。
それは神より授かった靈魂《ミタマ》と、両親から賜《タマ》わった肉体が相反応して、それに依って靈魂《ミタマ》の活用きが、それぞれの人間《ヒト》に違って現われる。その原因は、神より授けられる靈魂《レイコン》は神の分靈《ワケヒ》である為に、総て、完成された、欠点のない靈魂であります。故に違いの出るのは、肉体と靈統《レイトウ》に関わって来ると考えなければなりません。

祖先から両親を通して傳えられた体質《タイシツ》、靈質《レイシツ》、亦、体《タイ》に存在する遺伝子より傳えられる祖先の功罪《コウザイ》の結果に依る等である。ただし、例外が有ります。神々より連《ツラ》なる職掌《ショクショウ》に活用《ハタラ》きを表わす御靈統《ゴレイトウ》、特に五伴緒《イツトモノオ》の神の御靈統《ゴレイトウ》に連《ツラ》なって、使命《シメイ》を以《モッ》て授かって来る場合、その時代時代に合わせて、本人や一族は知らねども、その様な御子が授かって来ます。その場合は、遺伝子等は関係なく活用《ハタラ》かされます。

人間の違いが良く出るのは、御魂《ミタマ》の活用《ハタラ》きの違いである。故に一般では、外見からは、人間《ヒト》の活動を見て、或る程度は理解出来るが、例えば検査による血液型に依ると、大凡《オオヨソ》、A型、B型、O型、AB型の四種類である。その型に依って性格が判断する等である。

①日本人は如何か

倭人では、体型、例えば体の太っている人、亦、やせている人等の事は、大まかなら解るが、此れなどは統計的には理解出来ようが、総てとは言えない。

今人間《ヒト》の外観よりの様子を申した。しかし、何も人間だけに限らず、この自然を見ても、その事が一目瞭然《イチモクリョウゼン》であります。日本の静岡県は、特に季節のはっきりとした四季の分かれた（三ヶ月ごと）地方でありまして、靈魂《レイコン》の活用《ハタラ》きが四魂《シコン》に活用《ハタラ》く事が有名な県でありまして、その内容は三月、四月、五月が和魂《ニギミタマ》の活用《ハタラ》き、六月、七月、八月は奇魂《クシミタマ》の活用《ハタラ》き、九月、十月、十一月は幸魂《サキミタマ》の活用《ハタラ》き、十二月、一月、二月は荒魂《アラミタマ》の活用《ハタラ》きと靈魂《レイコン》の活用の所と、この様に人間《ヒト》の御魂は人間《ヒト》の性格にも現われて来ます。その様に作用しています。

そこで人の活用《ハタラ》きを見るには、魂《コン》を見れば解るのである。靈魂には五つの活用《ハタラ》きがある。人間《ヒト》には直靈《ナオヒ》を含めて五魂に活用くが、例えば四魂が肉体に活用《ハタラ》きかけて、肉体がそれに反応する。そして行動に移る時、四魂と直靈が応じて直靈が決断をする為に反応が心となる。五魂（一靈四魂）、四魂＋肉体の行動、その事柄の一部始終を記憶する直靈《ナオヒ》の活用《ハタラ》きを心《ココロ》と申し、記憶する肉体側を脳《ノウ》と申します。人間の行動は、直靈《ナオヒ》を含めて五魂《ゴコン》に活用《ハタラ》き、肉体の動きを促《ウナガ》す。これが考えと行動という事です。

そして、善《ゼン》と悪《アク》の行動を取るが、善《ヨ》き心と悪《ア》しき心を生むも、心が活用《ハタラ》けば善となり、肉体にひかれて心が活用かなければ悪と成り清《キヨ》め祓霊《ハラヒ》の対象と成ります。これは、総ての人間《ヒト》に当てはまります。

②動物は

動物には、心《ココロ》（直靈《ナオヒ》）が無い。その様な靈魂の活用《ハタラ》きは有りません。本能のみで、体が本能に活用《ハタラ》きます。しかし、四魂は活用《ハタラ》きますから、子供を育てる等の幸魂《サキミタマ》は活用《ハタラ》きます。亦、ものを考える〝チエ〟も奇魂が在る故、人間が考えている以上に有る。亦、仲間と仲良くする等の和魂《ニギミタマ》が活用《ハタラ》きます。他の動物と争う等と荒魂の活用きも有ります。しかし、動物の魂《タマシイ》は死すれば、あの世にも、此の世にも残る事は無い。死すればあの世に行って、産土神の元《モト》に帰れば自然消滅致します。故に動物の供養等という事は無駄であります。あの世で受ける魂《タマシイ》がないのですから。

十、心

㋑ 心の生ずる理《コトワリ》

①四魂《シコン》と直霊《ナオヒ》

人間《ヒト》は四魂《シコン》の他《ホカ》に直霊《ナオヒ》があります。それぞれ直霊の活用きの現われが、荒魂《アラミタマ》に活用《ハタラ》きが異《コト》なり、ときには和魂《ニギミタマ》の活用《ハタラ》きを現わし、〝チエ〟が必要とするとき、奇魂《クシミタマ》の活用《ハタラ》きをなし、幸魂ともなる。

直霊《ナオヒ》が正しく活用《ハタラ》けば、荒魂は勇魂《ユウコン》としての活用《ハタラ》く内訳は、決断力、判断力、強い意志とし、正しい方向へと活用《ハタラ》くが、逆に反対の邪《ジャ》の方向に活用くと、荒魂は勇魂としてでは無く、争魂《ソウコン》として活用《ハタラ》くと、人と衝突したり、人を傷つけたりする心が生ずる曲津霊と成る。然し、此処で直霊《ナオヒ》が邪《ジャ》に活用《ハタラ》いているのを取り除く為には、人間《ヒト》の霊魂《レイコン》の中に含有《ガンユウ》されている五情《ゴジョウ》に依って、曲魂《キョクコン》から省魂《カエリミルタマ》へと正しくする事が出来る。然し総てが邪《ジャ》から正しく成るとは限らない。

②心《ココロ》と体《タイ》の祓霊《ハラヒ》

㈠心《ココロ》の祓霊《ハラヒ》

㈡体《タイ》の祓霊《ハラヒ》

五情
- 覚（サトル）
- 畏（カシコム）
- 省（カエリミル）
- 恥（ハジル）
- 悔（クイル）

五術
- 防（フセグ）
- 棄（ステル）
- 避（サケル）
- 薬（ナオス）
- 浴（ヨクス）

㋺　心の生ずる原因

人間には、靈 魂 心 魄 肉体 と五つに分けられるが、動物の場合では人と違って、心を除いた四つを持っている。靈 魂 魄 肉体

然し、此処での人間の心とは、心というものを靈魂學から解明しなければならない。非常な変化をもたらす心とは、どういうものか。

普通、心とは精神《セイシン》と言ったり、意識《イシキ》とも言う。心は有っても無いもの、心とは生じて来るものであって、人間のみしかない。心は千変万化《センペンバンカ》、何故心が有って常に無いものか。何で心が生じて来るのか。それは肉体と靈魂が係わりあって生じて来るものである。靈魂が

体を通して欲望を生じるから物が欲しくなる。欲望は肉体が有るから起こるもので、靈魂《レイコン》からは起こらない。

(ハ) **欲望《ヨクボウ》(罪、穢汚れを及ぼす元《モト》)**

肉体をみたす欲望

食欲
物欲
性欲
} 三つである。

① 靈《タマシイ》をみたす欲望、名誉、精神的に満足する為の地位。

肉体の欲望によって、悪がはじまる。精神の欲望によって悪が少ない心とは、どういうものか。精神を制御《セイギョ》するものは、人間の靈魂の中に直靈《ナオヒ》がある故に、心が生じ善と悪がある。

肉体+靈魂=欲望

どうして人間は肉体と靈魂とに係わって欲望が生じて来るのか。それは五感《ゴカン》が有るからである。

②種々の心
欲望に依って様々な心が生じる。

㈡　**五感**

※靈魂と肉体とが係わりあって五感が生じ、それに依って欲望が起こり、その欲望に依って様々な心が生じる。

（五感）

○皮膚で感じる
○耳で聞く
○口で語る
○鼻でかぐ
○目で見る

此の五感に依って、靈魂が肉体を通して五感で感じて欲望が出て来る。此れは人間だけのものである。他の動物は、人間の様に感ずる事が出来ない。
靈魂の中に直靈が含まれている故、欲望が生じ、善と悪とになる。

※心＝人間の精神の元になるもの。知識、感情、意志の総体。

㊍ 五法《ゴホウ》、五情《ゴジョウ》、五術《ゴジュツ》の神律

肉体と靈魂とが係わり合って、心が生じて来るのであります。そして、靈魂が体を通して欲する欲望が生ずるから物が欲しくなる。亦、欲望に依って様々な心が生ずるが、人間には最小限の欲望があり許されるが、その反面、ともすると法則を超えた欲望に依って活用《ハタラ》く心が生ずる危険性がある。美しい反面、醜いという氣持ちがあります。亦、嬉しい反面、悲しい。楽しい思い出の反面苦しい等、常に表と裏の氣持ちがあるものである。それらは善にも悪にも心が活用くということである。

法則を超えた欲望に依って起こる様々な心が穢汚《ケガ》れである。不浄な心、欲望が穢汚《ケガ》れである。我々は日常に於いて心のおもむく儘に人間としての道を違《タガ》えるのである。穢汚れた思想に依って行動に移すことが罪である。

故に、穢汚《ケガ》れは思っている段階、罪は実際の行動を起こす事によって罪が起こる。

こういう危険がある事は、法を超えて欲望を抱き、穢汚《ケガ》れた思想を持つことである。人間には、此の様に穢汚れが生ずるもので、人間には神が人間に罪穢汚れを祓う為に与えたのが、五法《ゴホウ》、五情《ゴジョウ》、五術《ゴジュツ》の神律で、人間の靈魂《レイコン》（直靈《ナオヒ》）に含有されているのである。人間は罪や穢汚れを犯すので、それを祓《ハラ》う法則が、人間の直靈《ナオヒ》に含有しているのである。

その人間《ヒト》は、道に外れた大欲を持つと妖魅《ヨウミ》を引きよせ禍《ワザワ》いを受けやすくなる。人間《ヒト》の靈《レイ》魂《コン》と肉体に依って、生《ショウ》ずる、穢《ケ》汚《ガ》れと罪《ツミ》を祓靈《ハラヒ》除《ソ》ける為に、清《キヨ》め祓靈《ハラヒ》がある。祓靈《ハラヒ》清《キヨ》めれば、神直日《カムナオヒ》、大直日《オオナオビ》の神々が見直《ミナオ》し聞直《キキナオ》し給いて、その靈魂《ミタマ》は直《ナオ》き靈魂《ミタマ》に立ち帰るでしょう。

（人の語源）

人は神の分靈《ワケミタマ》として、神より靈魂《レイコン》を賦与《フヨ》されるとされている。此の人《ヒト》は靈《ヒ》と止《ト》（トドマル）に分けられる。人間《ヒト》は肉体に靈魂《レイコン》が止《トド》まりておる故、靈止《ヒトド》まる故、靈止《ヒト》、人間《ヒト》と申す。此の靈《ヒ》は、普通「ヒ」とは言わず「レイ」と読まれています。人間《ヒト》は神の分派《ブンパ》として、この世に生まれ、民族が有り、言語、風俗、皮膚の色が違い容貌《ヨウボウ》も違うとは、神の活用《ハタラ》きそのものが違うから色の違い、白、黒とかの違いが有る。人間もこの世に賦与される神の活用《ハタラ》きが、それぞれ違うので、此の世に顕われて来た人間もそれぞれ違うのである。その國にあった様に人間を創《ツク》りだしている。神の活用《ハタラ》き自体が違うから皮膚も違う様にしてある。

（神の分派）

神の分靈として直靈《ナオヒ》を神より我々の肉体に賦与《フヨ》され、靈《ヒ》が肉体に留《トド》まっている。故に我々人間《ヒト》の事を靈止《ヒト》と謂う。それ故、人間《ヒト》は道義《ドウギ》を弁《ワキマ》え、道《ミチ》に沿って生きて往《ユ》く事が出来、萬《バン》物《ブツ》の靈長《レイチョウ》と謂われる由縁《ユエン》も茲《ココ》にある。

神の分派――民族、言語、風俗、皮膚の色、容貌、神の分派としては平等ではあるが、日本は靈《ヒ》の本《モト》であるから日本のみ天津神、國津神が鎮まり治めている故、亦、神が全地球の中心で神活用き給う故に世の中が安定しており、多くの悪心《アクシン》を持つ人間、亦、我欲《ガヨク》を持つ國の指導者等が勢力《イキオイ》を持つと邪神《ジャシン》が動き出して、世の中が乱れて世界的な不安定な世を現わして来る。特に一辺《イッペン》に偏《ヘン》した思想（共産主義、社会主義、右翼思想）等に依った面が多く見られる。

㊃ 人間《ヒト》の義務

人間《ヒト》が神より賦与《フヨ》された靈魂《レイコン》の活動を存分《ゾンブン》に活用《ハタラ》かし、人間でなければ出来ない活動をする事が、人間《ヒト》に課せられた義務《ギム》である。それ故に、徒《イタズラ》に戒律《カイリツ》を作り、人間本来のある可き姿を歪《ユガ》めたり、拘束《コウソク》する事は、夫《ソ》れこそ道《ミチ》に反《ハン》する事である。

㋣　人の人たる由縁《ユエン》

人の意義、即ち人の人たる由縁は靈魂《レイコン》にある。人間《ヒト》は靈魂《レイコン》と肉体《ニクタイ》との両者が抱き合わされている。では靈魂《レイコン》は誰から授けられたのであるのか。靈魂《レイコン》は神の分靈《ワケミタマ》として神より賦与《フヨ》されるのである。人間《ヒト》も神の分派、分子、神子《カミノコ》である。

此処に言う人間《ヒト》とは、日本人だけではなく、全世界の人間《ヒト》である。そこで神が、それぞれの國に於いて違う神が、それぞれの民に賦与なされている。故に人間の人間たる由縁は靈魂である。夫れは神より直靈《ナオヒ》を授かっているからで、他の動物、植物をみると、神より魂《ミタマ》は授かっていても直靈は授かっていない。それ故、人間の様に、文化文明を発展させる事が、動物、植物には出来ないのである。人間《ヒト》は物を考えたり、想像したり、物を作ったりし、文化文明を発展させているのである。

㋠　人間《ヒト》の意義

洋の東西を問わず、世界の人口は（平成三十年十月）約七十億人の人間《ヒト》が地球上に存在、其処には色々な國家がある。その國の基礎となっている民族國民は、社会、國家を形成、組織と秩序があって社会國家が成り立っている。この秩序は、法、道徳、道、そういう世界には多種多様な言語、生活様式、風土、習慣が違うが人間《ヒト》は、それぞれの民族に分かれ、社会國家を形成している。此の社会國家は人間《ヒト》だけのものである。人間は萬物《バンブツ》の靈長《レイチョウ》として文化文明を進化させている。医學の分野では、人間《ヒト》が他の動物より優れているのは、頭脳が発達しているからだと言う。頭脳がどうしてそんなに優れているのか、精神医學や心理學では、人間は精神的《セイシンテキ》活用《ハタラ》きが非常に優れていると謂われている。心理學では意識の作用が著しい。精神や意識はどういう事に依ってもたらされるか。医學では、その人の表情、外面からみて判断している。

○意識、精神という無形《ムケイ》の活用《ハタラ》きとはどういうものか解らない。

○此の無形の活用《ハタラ》きをなさしめているのが靈魂《レイコン》の活用《ハタラ》きである。

○人間には精神と肉体とによって成り立っている。

○皇學こそは正しい靈魂學《レイコンガク》である。精神、意識をもたらす根源が靈魂である。人間は道義《ドウギ》を弁《ワキマ》え、道《ミチ》に沿って生きて往《ユ》く事が出来るし、善悪《ゼンアク》の判別が出来、自分を制御出来るが、動物にはその様な事が出来ない。何故なら動物は人間のように、直靈《ナオヒ》、即ち省《カエリ》みる、反省するという事がないのである。

人《ヒト》↓靈《ヒ》と止《ト》に分けられ、靈《ヒ》は靈魂《レイコン》を意味し、止《ト》は肉体を意味する。此の靈止《ヒト》は、産土《ウブスナ》神《カミ》より、父母を通して、此の世に生まれ出《イヅ》るのであります。産土神《ウブスナノカミ》より、一靈四魂《イチレイシコン》を授かり、父母より肉体を授かります。故に子供は授かりものと世の中では申します。

(り)　神則《シンソク》

不正無行《ムギョウ》は悪《アク》なり。これは産土神より与えられた神則《シンソク》なり。神界におかれましては、靈《ヒ》止《ト》を授け給う時、我が國の総ての倭人《ワジン》には、正しき造化《ゾウカ》の活用《ハタラ》きを望まれて御子等を授けられます。これに反する神《カミ》の子なれば生れた後《ノチ》の育て方に問題が有ります（両親、家風、政府の教育方針、小、中、大等學校教育）。

命名《メイメイ》をし役所に出生届を出して人間《ニンゲン》として法的にも保証された純真《ジュンシン》で真白な心を持ち無垢な人間性を持つ赤子を、正しく育てる事を大人達や公的機関は責任を持って果たさなければなりません。正しく育つ様な環境（思想的）をもたらさなければなりません。

十一、人間《ヒト》の欲

人間《ニンゲン》は欲無しに生きている事は出来ません。あの人間《ヒト》は欲の無い人だと言っても、本当に欲が無い訳ではありません。食欲《ショクヨク》、性欲《セイヨク》等、種々《クサグサ》の物欲《ブツヨク》は、肉体を維持して生きている人間《ニンゲン》である以上必要なものです。従って、欲とは何かを考え、欲に溺《オボ》れたり、徒《イタズラ》に欲を罪《ザイ》悪視《アクシ》するのではなく、欲なくして生きてはおられない以上、積極的に正しい欲をかき、顯《ウツシ》世《ヨ》に於ける活用《ハタラ》きをどんどん押し進める事こそ正しい生き方である。

㋑　正欲と道

人間《ヒト》は兎角《トカク》欲に溺《オボ》れて道《ミチ》を失う事は、往々《オウオウ》にしてある。新聞の社会面を賑わす種々《クサグサ》の事件は、殆ど例外なく、その実例である。

此の様に社会の犯罪の大部分が、欲と欲の絡み合いで生ずる現実を見ると、どうしても欲望、即、罪悪《ザイアク》と単純に考えてしまうのですが、その反動として、禁欲《キンヨク》主義の如く、何でもかんでも厳格《ゲンカク》な規律《キリツ》に依って人間《ヒト》の自由闊達《カッタツ》な活動を封《フウ》じ進歩発展の氣運《キウン》を人為的に抑える事になる。人間《ヒト》の持っている本来の能力を伸び伸びと拡げ開発し、育ててゆく所に発展があり、進歩があるのです。

十二、正欲と名、位、寿、福

正しい欲とは何でしょうか。それは「名、位、寿、福」の四つの欲です。此れは人間《ヒト》が生きてゆく上に必要であるばかりでなく、人間《ヒト》の生きる意義であり、生きる目標でもある。
①名とは＝名誉《メイヨ》であり、即ち、自分の名を貴ぶことです。
②位《クライ》とは＝自分の身分とか地位であります。
③寿《ジュ》とは＝寿命であり、生命《イノチ》であります。健康も同様。
④福《フク》とは＝財産であります。

十三、靈主体従《レイシュタイジュウ》

人間《ヒト》は靈魂と肉体から成り立っているが、あくまでも主体とする所は靈魂《レイコン》であり、肉体は靈魂の活用《ハタラ》きを行動として顯《アラ》わし、実行する為の用《ヨウ》（活用き、又は、いれもの）として賦与《フヨ》されている。

靈魂《レイコン》が主体で肉体は、それに従うものであり、これを「靈主体従《レイシュタイジュウ》」と申します。

㋑　靈格《レイカク》

各人に賦与《フヨ》された靈魂《レイコン》は、その人間《ヒト》それぞれに固有のものであります。その人間《ヒト》の本質であります。つまり、その人間《ヒト》に賦与《フヨ》された靈魂《レイコン》には、その人間《ヒト》の靈魂《レイコン》のみが持つ固有の性格と申しますか、特徴が有ります。

兎に角、その人間《ヒト》ならではという独特《ドクトク》の雰囲氣《フンイキ》の様なものを持っている。此れを霊格《レイカク》と言う。此の霊格《レイカク》が自《オノ》ずと人格《ジンカク》となり、その事柄が現象として形として顯《アラ》われて来るのである。それ故、霊格《レイカク》がその人間《ヒト》を、その人間《ヒト》たらしめている本質でありまして、「名《ナ》」は、この霊格《レイカク》を表わすものである。

「名《ナ》は体《タイ》を表わす」とよく謂われますが、此処に謂う体《タイ》は形体、肉体そのものでなく、その人間《ヒト》のその人たる特徴、本性、正体を表わすという意味で、要するに霊格《レイカク》そのものを表わすという意味に外《ホカ》なりません。

「名《ナ》は体《タイ》を表《アラ》わす」という事は、「名《ナ》は霊格《レイカク》を表わす」という意味である。それ故、「名《ナ》」とは、その人間《ヒト》自身を示す事で、即ち、霊格《レイカク》そのものを重んずべきものである。それ故「名、位、寿、福」の四欲の中で、最も大切なものであり、第一等にあげている。

名人《メイジン》、名取《ナトリ》、名《ナ》にし負ふ、名を立てる、名を残す――「虎は死して皮を留め、人は死して名を残す。」

右の様な言葉は総て、名を重んずる事から生じた言葉であり、名を重んずる事、人間《ヒト》として最も大切な事である。名を汚《ケガ》す事は人間《ヒト》として最も恥ずべき事であります。人《ヒト》の名《ナ》は元より、自分の名《ナ》をも汚《ケガ》してはならないのである。

㋺　命名（名付け）

人間《ニンゲン》が生まれてから、第一番目に行われるのが命名《メイメイ》である。名前が付けられて、初めて幽世《カクリヨ》の産土神に認められます。此の名が、その人間《ヒト》の幽世《カクリヨ》から顯世《ウツシヨ》に於いての活用《ハタラ》きを現わし示す事である。次に家族を始め人間社会におひろめをし、一員となります。幽顯の世に、その存在が認められ、義務と責任と世の為に活用《ハタラ》く顯理と責任が生じ、これは一生涯の大事な事であります。

㋩　名《ナ》

名《ナ》は広く知れ亘《ワタ》り、位《クライ》は高く、寿命は長く、富《トミ》は多からん事を欲するのが人間《ヒト》の常であり、人間《ヒト》は誰しもが抱く欲望であり、人間《ヒト》が生きる上に於いて必要なるものとして、神も認め給ひている欲である。

十四、位《クライ》

㋑ 地位

「名《ナ》」に次いで貴ぶべきは「位《クライ》」です。「位《クライ》」とは、即ち、地位の事であり身分の事であります。位《クライ》の高下に依って、あの人間《ヒト》は偉い人とか、あの人の方が私より偉いとか優秀な人だとか言い、位とは偉い人だとか、偉く無いとかいう程度を示す為に有るものでしょうか。

㋺ 座位

「位《クライ》」とは座位《クライ》であり、本来は宮中に於いて、座に居《イ》る次第の法の事である。座《クラ》とは坐《スワ》る所であります。昔は、朝廷に於いて仕える人が、その分限《ブンゲン》に応じて座席が定まっており、座の位置がその分限を顯わしていたのである。國家なり、社会を運営し、維持してゆく為の組織と秩序を保つ為の職務上の位置と権限の大小が、即ち、位の上下に当たるのである。

㋩ 「位」の責務

「位」とは、職務活用きと活動に対して決められるものであります。「位《クライ》」が高いという事は、より大きな活用《ハタラ》きをする権限を与えられ、且つ、それだけ大きな活用《ハタラ》きを為さねばならないという責務を負うという事である。此れは公官庁、会社、軍隊等、いかなる社会に於いても然《シカ》りである。

①位《クライ》とは活用《ハタラ》きなり

ともすると、「位《クライ》」は名誉として与えられる如く錯覚する人が居るが、これは「位《クライ》」のもつ本来の意味を忘れ、或いは知らずに「位《クライ》」から受ける「肩書《カタガキ》」としての表面的な印象から考えるためである。確かに世間には実質的な活用きを意味しない、所謂形式上の肩書きとしての位、名誉職としての位も存在し授与されておる。

㈡　恥じない生き方

何れにしても「位《クライ》」とは、その位に応じた活用きを表わすものであります。その位《クライ》にある者、その位《クライ》を授与された者、その位に叙《ジョ》された者は、位《クライ》にふさわしい活用《ハタラ》きが出来るという事であり、その位《クライ》に恥じない生き方をしなければならない。

①天地《テンチ》の差

「位」には戦前の國で授与する位階を始め、各団体、各組織毎にそれぞれ定められており、各種各様である。会社で言えば、社長、部長、課長、係長にあたる。昔の帝國憲法に依る位階勲等《イカイクントウ》で言えば元帥、大将、中将……大佐、中佐、少佐、大尉等の「位」、此れは元、明治帝國憲法に依る「位」でありまして、伊勢神宮の皇大御神の御《ゴ》証認《ショウニン》下に明治天皇の授けた「位《クライ》」であります。

亦、現日本國の新憲法の下《モト》の「位」や種々褒章《ホウショウ》等の名誉《メイヨ》のある賞で各業界を通じた様な〝もの〟は、現憲法が人為《ジンイ》の交渉の結果に於いて日本國民が認めた憲法の下《モト》の各階の賞は、象徴天皇《ショウチョウテンノウ》よりの授与の賞は、伊勢之皇大御神は認めない。人為の憲法に依る階位《カイイ》である故、神に関わり無い賞である故に、戦前の賞と戦後の賞は、その重みは天地《テンチ》の差がある。

㋭　絶対的な保証

「位《クライ》」には、位階、身分、階級、称号など色々のものがあるが、何れにしても此れ等の位は、総てその会社や団体や組織で決められた「位」であり、「位」は本来、その「位」の裏付けとして絶対的な神の保証（神威《シンイ》）があるものだが、現在は謂わば主権在民たる民の保証と成る故、人為的に決められ、人為的に授与される資格である。従って、此れ等の位の授与、叙位、任命に当たっては必ずしも適正では無い場合もあり得るが、凡そ、その人の能力、経験に対応して与えられるものであり、その位に応じた活用《ハタラ》きをしなければならない。

㋬　位とは靈魂の活用き

亦、此の様な顯世《ウツシヨ》の「位」だけに目を奪われてはなりません。「名」がその人の靈格に対するものである様に「位」はその人の靈魂の活用《ハタラ》きに対するものであります。それ故、その人間の活用《ハタラ》き、即ち、靈魂《レイコン》の活用《ハタラ》かせ方如何によって、その人の真《シン》の位が定まるものであって、その人が顯世《ウツシヨ》の如何なる地位についていようが関係ないのである。此の位は、人間が評価して決める位ではなく、神《カミ》の目から公平に査定される所の位《クライ》である。神眼赫赫《シンガンカクカク》として我々人間の思想、行動は、昼夜《チユウヤ》の区別《ケジメ》なく常に神鏡《シンキョウ》に照らされている。

㋣　功績

顯世に於いて、いかに名声を博し、高い地位に着いたとしても、その名声や地位に恥じない活用きをしていなければ、自《ミズ》から名《ナ》を汚《ケガ》し、位を傷つけている事になる。亦、その事実を人間同士の社会では隠しおおせても神の眼から覆《オオ》い隠す事は出来ぬ。以上の様に、各人の現世に於ける活用《ハタラ》きは、功績と認められるものもあり、罪穢《ツミケガ》れとされるものもある。

十五、人生

然し、人間の人生は、長いと言ってみても、何億年という神界《シンカイ》、即ち、神《カミ》の目からより視《ミ》れば、わずか八十年か百年という限られた年月であって、考えれば、亦、思えば思う程、この世《ヨ》の人間の存在ほど、むなしい事は無いのでは無いかと思われます。

故に、この顯世に、靈止として存在するという事は、只単に、無意味に長生きするという事ではないのであり、産土大神《ウブスナ》より靈魂《ミタマ》を賦与《フヨ》されて、人間《ヒト》として生活しているという事は、何か有意義に活用《ハタラ》かなければならない理由が有るのではないかと思うのであります。

人間《ヒト》の一生は、多くの人達は、生まれてから一生を過ごし、老いて死に向かう、その人《ヒト》の人生は終わりと通常は思われています。しかし、人間《ヒト》の生命の始めから終焉《シュウエン》迄は、肉体と靈魂《ミタマ》をもった一人《ヒトリ》の人間《ニンゲン》、赤児《アカゴ》として生まれて来て、人として死を迎えても、それは、肉体の終わりを示すのみで、肉体を離れた人間《ヒト》の靈魂《ミタマ》は靈格《レイカク》を失う訳で無く、産土神の御許に於いて、靈魂《ミタマ》の活用《ハタラ》きは続き、通常の靈魂《ミタマ》の活用《ハタラ》きは約千数百年の期間は〇〇〇之命として、身《ミ》を異《コト》なりて命《ミコト》と成りて続きます。亦、生前に於いて、皇家《コウケ》の為、國の為、社会の為に、正しく活用《ハタラ》いた方は、その死後の審判《シンパン》は産土神が行います。又は、正しく活用く為に、心血を注いで修業をなし、正神界の為に、靈《ヒ》の本《モト》の國の為に仕へ奉った聖人《セイジン》と審判《シンパン》を受けた方々は、神と認められて、永久に神の活用《ハタラ》きを致します。

しかし、他國の聖人と言われる、堯《ギョウ》、舜、孔子は釈迦等の他國等で言われる方々は当てはまりません。これは他國の産土神が審判《シンパン》し決定する事という事で、日の本の國の幽世《カクリヨ》の神律《シンリツ》に依って、一般の人《ヒト》は、千数百年の間は活用《ハタラ》きを致して、やがて活用《ハタラ》きを終え、御靈《ミタマ》は、産土大神の元に出靈《イツモ》なる幽世《カクリヨ》に帰ります。亦、品行方正に正しき活用《ハタラ》きをなせば、正神界で活用《ハタラ》き、悪《ア》しき活用《ハタラ》きを成《ナ》せば、産土大神の審判《シンパン》の結果、邪神界《ジャシンカイ》に落とされます。

十六、靈肉分離《レイニクブンリ》

我々の肉体が滅びれば、靈魂《レイコン》は、本源《ホンゲン》たる産土《ウブスナ》大神の御元に引き取られます。人間《ヒト》の死という事は、あたかも、人間が使い古した服を脱ぎ捨てたる如く、靈肉分離《レイニクブンリ》して、靈魂《レイコン》はそのまま、産土大神の御元《ミモト》に帰るのであります。人間《ヒト》の靈魂《レイコン》は、死とともに滅びるものではありません。太古より、何百億年という大神の活用《ハタラ》きの分靈《ワケヒ》として賦与《フヨ》された、我々に賜わった靈魂《レイコン》が不滅で無いという理《コトワリ》はないのであります。

十七、神國日本《シンコクニホン》の靈魂不滅説《レイコンフメッセツ》

我が國は、國の始めより神《カミ》の國、惟神《カンナガラ》の國なる故、他國の宗教や思想の及ばぬ以前より、神の教えのまにまに産土大神より靈魂《ミタマ》を賦与《フヨ》され、肉体は父母より之《コレ》に生《セイ》を享け、一個の人間として存在しているのです。人間の肉体そのものは、細胞により形成された物質なのです。生きる為には、絶えず新陳代謝《シンチンタイシャ》して、新しい細胞を生みなして、何十年という年月を経て、賜わった靈魂《ミタマ》の受け物、肉体として持続していきますが、元々形体《モトモトケイタイ》ですので限りがある訳です。即ち、肉体の滅亡に至ります。世の一般の人々は、此れを死《シ》と言っておりきます。亦、肉体に留《トド》まりし靈魂《レイコン》が、産土大神より召されて肉体より離れた瞬間、分離《ブンリ》した瞬間に人間《ヒト》としての形態が失われる故、此れを死《シ》と言う。

然し、同じく賦与《フヨ》された靈魂《レイコン》は、肉体より離れても、その後何十年経っても、何等変わらないものです。父母より賜わった物質より形成された肉体は滅亡しても、産土大神より賦与《フヨ》された靈魂は何等滅びる事はないのです。

何故ならば、我々の生まれる以前、太古《タイコ》に、この私達が住んでいる地球は及ばず、天地諸星《モロホシ》、太陽、山川草木《サンセンソウモク》、人間を始め、動物、植物、鉱物を産《ウ》みなし賜ひ、今なお、何百億年という長い間、日月《ニチゲツ》と共に照々《ショウショウ》と天地を照らし賜ひ、萬有《バンユウ》を育《ハグク》み育て賜ふ神の分派《ブンパ》、分《ブン》子《シ》、分靈《ワケヒ》として賦与《フヨ》されている靈魂《レイコン》が滅びる事は有りません。靈魂《レイコン》は不滅《フメツ》であります。

人類は、宗教に関係なく、通常一般人（品行《ヒンコウ》の正しき人）は、千数百年間は各國の産土神の元に在《ア》って仕《ツカ》え奉《マツ》っております。その中に在って、國の為、世の為、人々の為に、亦、靈之本《ヒノモト》の國に於いては皇家《コウケ》の為に、絶大な活用《ハタラ》きを幽顯《ユウケン》の世界に於いて活用《ハタラ》いた人は、一般の人達より抜きん出て、八百萬《ヤオヨロズノ》神々の内に入って神活用《カミハタラ》きます。何千年、何億年と限りなく、正神界で神活用《カミハタラ》きます。亦、悪をなした者は、死後は産土大神の審判《シンパン》を受け邪神界に落とされます。当然、子孫は、その影響を受けます。極悪人は、時には消しさられます。

十八、此の世の活用き方（終末を迎える）

㋑　日本人としての人生の経過

日本人は、此の世に生を受けて、赤子、幼年期、少年期、青年期、成人、老年、終末、幽冥《ユウメイ》の世界へと種々《クサグサ》の年代を肉体的に、靈魂《レイコン》的に経過を経て、最終的に活用《ハタラ》きを神法《シンソク》に従って、体的《タイテキ》に終えるか、産土大神の審判《シンパン》を受けた後通常の人々と同じく、靈格《レイカク》に従って活用《ハタラ》きを終えるか、亦は、生前の勲《イサオ》大なる故に、神とし、大神として正神界に於いて神《カミ》活用《ハタラ》きます。

十九、宇宙造化

宇宙造化の始めより、神律《シンリツ》、神則《シンソク》の基《モト》、次の如く。

我々人間《ニンゲン》は、産土大神とは切っても切れない重要な関わり合いがあります。何れの人が何と否定しようとも、此の真実《シンジツ》は如何ともし難《ガタ》いのであります。たとえ今信じなくとも、死んで後には幽世《カクリヨ》にあって、必ずや、その真実を覚《サト》る筈である。然し死んでから覚《サト》ったのでは遅いのである。此の顕世に生きている内に覚って、正しい生き方をしなければ、人間《ヒト》として真《シン》の価値が無いのである。

二十、人間

㋑ 神《カミ》と人間《ヒト》との関係

神と人間《ヒト》の関係は、親子の関係と同様、子供がいくら親に反撥《ハンバツ》したり、反抗したり、親を親と思わないで勝手な事をしても、親なしにその子供は生まれず、存在し得なかった筈であり、親子である真実《シンジツ》には変わらないのである。それ故、我々は自分自身の本質《ホンシツ》たる靈《レイ》魂《コン》の親が産土神である事を認識して、自《ミズ》からの肝《キモ》に銘《メイ》じて覚《サト》らなければならない。

㋺　人間《ヒト》の構成

人《ヒト》の構成は、靈魂《レイコン》＋肉体《ニクタイ》＋魄《ハク》という風に成っております。一個の人間《ヒト》と言われる内容は、靈魂《レイコン》＝五魂《ゴコン》で、その内訳は直靈《ナオヒ》（心）、和魂《ニギミタマ》、荒魂《アラミタマ》、奇魂《クシミタマ》、幸魂《サキミタマ》の一靈四魂《イチレイシコン》であります。この内の直靈《ナオヒ》が肉体《ニクタイ》に留《トド》まる故、靈止《ヒト》と日本《ヒノモト》では太古《タイコ》より申しております。靈留《ヒトド》まる故＝靈止《ヒト》と申します。

一般に靈止《ヒト》と言われる対象は肉体を指しておりますが、しかし、皇學的には肉体と靈魂《レイコン》とで構成された靈格《レイカク》を指しますが、人間《ヒト》が死亡したと言えばほとんど肉体を指します。靈《レイ》魂《コン》を指して申しません。

死して後は、肉体は遺体《イタイ》、亡骸《ナキガラ》等と言われる。靈魂《ミタマ》は、御靈《オミタマ》・魂《タマシイ》とか、ほとけ様等と言われ、三十年、五十年程経て、所に依っては神様に成った様だと一般的に言われて、次第に忘れられて行く。

(八) 人間《ヒト》の誕生

人間は、誕生するには自分の意思にて生まれて来ません。親の意思か、これも違います。親は子供を望むけれども、自分達で左右出来るものではない故、総て産土大神の神慮《ミココロ》に依ります。亦、子供は生まれ来るに当たって、使命を与えられて、この顕世《ウツシヨ》に、分霊《ワケヒ》を賦与《フヨ》された靈止《ヒト》として誕生して来ます。此れも神則《シンソク》に総て依るものです。

亦、通常老若男女の命《イノチ》、生命は神の定めし事成る故、寿命がきて、命《イノチ》の尽《ツ》きる事は悪い事ではありません。従って人間《ヒト》の生命《イノチ》は、神の定めし寿命の半ばに於いて、自《ミズ》からの命《イノチ》を断つ事は、あっては成りません。

それは神の定める神則《シンソク》に反する故に悪い事です。命《イノチ》という言葉、亦、文字には、仰《オホ》せ、人としての務め、天命、運命等と種々《クサグサ》の意味の中に於いても、この様な意味もあるのです。

然し、死に対しては、誰も体験した事はない故、幽世《カクリヨ》が、あの世か、どの様な世界であるか解りません。どの様な仕組みの世界か知らない故に、巷《チマタ》に流された、極楽《ゴクラク》とか、地獄《ジゴク》とかいう言葉におどされ、怯《オビ》えた日を時々体験するが故に、未知《ミチ》の世界に恐れを持つ人が大部分であります。

㈡　皇學《コウガク》での見方

皇學では、死亡するとは、肉体が活動している肉体が活動を停止し、靈魂《レイコン》も活用《ハタラ》いておりました靈魂が産土大神より、その人の肉体に留《トド》まる賦与《フヨ》した靈魂《レイコン》を召される故、召されたと同時に肉体の活動が、すべて停止して、死亡したと認定される。しかし、産土大神に召された靈魂《レイコン》は、大神に審判《シンパン》を受けた後は、産土大神の指示に従って、その時点より千数百年という長い年月を神として活用《ハタラ》きます。亦、靈魂は産土の大神が必ず召しあげます。此の時点で靈魂《レイコン》は死にません。

人間は総てに於いて生命と肉体ともに、あらゆる事柄に対しても、産土《ウブスナ》神の御神慮《ミココロ》に関わり合いをもって存在致します。その事柄を申しますと、人間《ヒト》は先にも述べた様に、靈魂《レイコン》と肉体より成り立っておりますが、靈魂《レイコン》は産土《ウブスナ》神より授かり、肉体は父母より賜わります。そして、産土《ウブスナ》神の御神慮《ミココロ》に依って、子供は両親に授かり誕生します。それは、子供の意志に依らず、父母の思ひはあれど意志に依ってでは無い。そして、靈魂《レイコン》は総ての関わりなく、純真無垢《ジュンシンムク》の一靈四魂《イチレイシコン》の靈魂《ミタマ》が、母親の胎内《タイナイ》に授かります。その後、血統とか、遺伝子等との関係は、その後の事。その様にして、生まれた子供が、その後成長して成人と成ります。

二十一、死の本質

㋑　人間《ヒト》の死

生があるから死が有る。只、ここで私達の言っている死とは、肉体上の滅亡の事であります。所謂《イワユル》、亡骸《ナキガラ》の事であります。自己の肉体の滅亡を意味しております。滅亡の事を死と申しているだけなのです。人の精神、即ち、霊魂《レイコン》は、大精神《ダイセイシン》、即ち、大神《オオカミ》の分派《ブンパ》でありまして、分霊《ワケヒ》であるが故に、生無く、死無くであります。

功績《コウセキ》の有った人は、各職掌《カクショクショウ》に依って、その御霊《ミタマ》は神と成って、永久に活用《ハタラ》きます。偉人や聖人、偉大な天皇命《スメラミコト》、名君主等、日本の場合は、神社の祭神《サイジン》として、神活用《カミハタラ》いております。有名な神社は明治神宮、天神社《テンジンシャ》等の神社が有ります。各家庭では祖先祭祀《ソセンサイシ》として、祖先《ソセン》を神と崇《アガ》めて、春、秋の祖先を祭る事を恒例としております。

㋺　肉体の終わり

人間《ヒト》は霊魂《ミタマ》と肉体により一個の人間《ヒト》として成り立っております。従って、死に方が二通り有るという事であります。一つは肉体からの死に方と、二つ目は霊魂《ミタマ》の消滅に依る死に方であります。この一つ目の死に方は、肉体だけの死であります。後の二つ目は、霊魂《レイコン》が消滅する為に肉体も従って死すしかないという事であります。

(ハ)　自殺者

自殺者は自《ミズ》から産土大神の御元に行くという事は有りません。自《ミズ》から行くという事は、靈魂《ミタマ》だけと成れば、普通の人の靈魂《ミタマ》は行く力、行く方法を知りません。結果として、浮遊靈《レイ》となって、あちこちに彷徨《サマヨ》う事と成りますが、その様な事はめったには有りません。必ず産土大神のお迎えが参りまして、靈魂《ミタマ》は吸い取られる様に召されて基《モトイ》に参ります。

(ニ)　臨終

一般の人間《ヒト》は、臨終《リンジュウ》の時、自《ミズ》からの意志を以て靈魂《ミタマ》を肉体より分離する事は出来ません。自殺者でも自《ミズ》からを死す事は出来ず、産土神より靈魂《ミタマ》を分離してもらう。早く言えば、靈魂《ミタマ》を抜き取らねば死ねず、死にぞこないという事に成って、結果的には生き返ったという事に成ります。

二十二、神律と審判

これは神律《シンリツ》で定められております。そして、その人の過去を問い糺《タダ》し審判《シンパン》を致します。その結果は、産土大神の指示に従います。

正神界に行くか。

邪神界に行くか。

亦、人間《ヒト》は死すれば必ず自分の生まれた所の産土大神のもとに引き取られます。

㋑　邪神界《ジャシンカイ》の神

正神界《セイシンカイ》に対して、邪神界《ジャシンカイ》に活用《ハタラ》く禍津日《マガツヒ》神。人間《ヒト》が、悪事を成したとか、戦國時代に私《シ》闘《トウ》に依る戦で多くの人々を殺害した大名や武士、朝敵《チョウテキ》と成った武士、亦、反國家的、反社会的な思想を以て行動した者達等、産土大神の審判を死後受けて邪神界《ジャシンカイ》に落とされた者達等。

㋺　神言

①人が善《ヨ》き事、悪《ア》しき事したら

比古《ヒコ》「人が悪《ア》しき事、過《アヤマ》ち犯《オカ》せば妖魅《ヨウミ》に落ちるという事は無い。落ちる者は其の者一人なるも、産土の神は濫《ミダ》りに落とさぬ。夫れは罪の軽重、比重に掛《カカ》るも、僅《ワズ》かほど、彼《カ》の妖《ヨウ》魅《ミ》に落ちれば、絶対、正神界《セイシンカイ》に戻るという事は無い。

釈《シャクソン》尊なる者、慈悲《ジヒ》により良き極楽《ゴクラク》等と、此れは一寸《チョット》、其の様な事は、唐《カラ》の國の空念仏《カフネンブツ》。

但し、余り非道《ヒドウ》な事致せば魂消《タマケ》しをする。神界は、此れを抹消《マッショウ》致す。」と告げられています。（昭和四十年八月二十九日）

②悪人の靈魂《ミタマ》

後一つの方法は、生前に極悪非道《ゴクアクヒドウ》な罪《ツミ》を犯《オカ》した悪人とか、極悪な指導者、悪政《アクセイ》をおこなって多くの人民とか、良民を苦しめたる領主などが、産土大神の逆鱗《ゲキリン》に触れて、靈魂《ミタマ》を消さしめられた悪人《アクニン》は、靈魂《ミタマ》を消され肉体は、肉体を維持するも生命力の元《モト》が消滅する故、命を維持出来ず、肉体の活動は停止して、遺体として残る事と成ります。

③消される靈魂《ミタマ》

消される靈魂《ミタマ》は、産土神より審判《シンパン》を受け、その様な結果に依るも、大変な靈的《レイテキ》苦しみを味わいまして、幽世《カクリヨ》より消され無に成り何ものも残す事無く終わります。消される時は、肉体には余り関わり無い様であります。

㈧ **通常の寿命が尽きて**

人間《ヒト》の普通の寿命が尽きて靈魂《レイコン》を召される時は、本人には解らぬ様に召されて、肉体には、ショック等は有りません。

㈡ **人間《ヒト》は死亡する時**

人間《ヒト》は死亡する時には、靈魂《レイコン》が肉体《ニクタイ》より離れると通常は思われます。実は神の定めし寿命に至りますと、産土神より引き取りに一柱か二柱の神が参りまして、本人の承知の上か、亦、知らぬ内に靈魂《ミタマ》を音も無く静かに、ショックも無く吸い取る様に召し上げげに参りまして、産土神の命《メイ》のままにまに引き取られ、靈《ヒ》の出《イヅ》る素《モト》＝出靈《イヅルモト》・靈《ヒ》のふるさとたる産土神の元に帰ります。

二十三、出雲《イヅモ》

㋑　出る素《イツモト》

死とは、理《コトワリ》の上から言いますと、本来は、生も死も無いのであります。生まれて来たという事は、靈魂《レイコン》が、人間《ヒト》の姿を以て、八十年か百年をこの世で活《イ》き活用《ハタラ》く為、肉体という形体《ケイタイ》に留《トド》まっておって、亦、肉体から離れて本源《ホンゲン》に戻るのであります。

本源《ホンゲン》は、所謂《イワユル》、産まれ出《イデ》たる元《モト》、私達、神道用語《シンドウヨウゴ》で言うところの出る素《イツモト》、即ち、出雲《イヅモ》の事です（中國地方の出雲ではない）。十月を神無月《カンナヅキ》と言って、出雲大社に八百萬《ヤオヨロズ》の神々がお集まりに成るという事を聞いた方が有ると思いますが、その出雲大社に神々《カミガミ》が帰られる、亦は集まると言われますが、私達人間が死ねば、私達の出《イヅ》る基《モト》たる産土神社に導かれます。亦、産まれ出《イデ》たる素《モト》という意味に於いては、我々の靈魂《レイコン》の帰着《キチャク》する産土神社と、神々が帰られ給う出雲大社と同じく、神社の大小の差はあれども、出雲《イヅモ》の社という事の意味に於いては何等変わりは有りません。亦、十月になると八百萬の神々が出雲大社に神集《カミツド》いますという事は、只単に神々が、本社の出雲大社に帰られるという事だけでなく、人間の靈魂《レイコン》が死ねば何処《ドコ》に帰り着くか、所謂《イワユル》、どこに帰着《キチャク》するかという事を示唆している重要な意味を持っているのであります。

㋺ 靈魂《レイコン》の帰着《キチャク》

人間の靈魂《レイコン》の帰着《キチャク》す可《べ》きところを出る元《イヅモト》は意味しているのでありまして、靈魂學上《レイコンガクジョウ》、実に重大な事である事を神職を始め、神社にたずさわる氏子総代の方々達は、この事柄が、只単の神話的物語としてではなく、自分の靈魂の帰り着くところが、どこであるかという事を示している手がかりを知る上に於いて、是非、心に留《トド》めて戴きたく思います。

㋩ 靈魂《ミタマ》

靈魂《ミタマ》は肉体に留《トド》まる故に、通常は肉体の寿命に依って生命《セイメイ》が尽きたと成りまして、靈魂《ミタマ》は肉体より離れて、産土大神の元《モト》に帰りまして、産土大神の元《モト》で神として活用《ハタラ》ける為の神《カミ》術《ワザ》を學ぶ修業に入ります。此の修業は実に厳しいものであります。昼夜の区別は無く、疲れたからとて休む事は許されません。立派な神と成る為と、亦、肉体の無い靈魂《ミタマ》だけの世界の事故《コトユエ》に人間の様な甘えは許されません。一分一秒とも休み無く、絶対命令下に修業をいたし、一日も早く神と言われる様な神術《カミワザ》を修得《シュウトク》し、自分の家族はもとより、日本國民を見守り助け、経済に、防衛に國の守りに、神活用《カミハタラ》きの出来る様にと神として責任を取れる様に成る為の修業です。

二十四、死後の遺体《イタイ》

㋑　一道《ヒトミチ》に去る

人間《ヒト》の生命《イノチ》の終わりに当たり、靈魂《レイコン》と肉体より成り立っている形体も臨終《リンジュウ》の時間《トキ》を迎え、産土大神の基《モト》より迎えの比古神《オッカエ》の神が、一柱《ヒトハシラ》か二柱《フタハシラ》の神が参り、当人《トウニン》の靈魂《レイコン》を吸い取るが如《ゴト》くにして召されて、産土神の元《モト》に二度と再びたどらぬ一道《ヒトミチ》に帰りゆく。

靈魂《レイコン》の留《トド》まる肉体は、一瞬にして遺体《イタイ》亦は亡骸《ナキガラ》と変わり、呼吸も止まり、血液も止まり皮膚の細胞も機能も止まる。体温も下がり、生氣《セイキ》も無くなります。まったくの遺体となります。二度と靈魂《ミタマ》は留《トド》まる事は有りません。その周りにも一時《イットキ》も居る事は有りません。これは神の定めた法則であります。

㋺　遷靈式は可能なるや

良く巷《チマタ》でおこなわれている、神葬儀等で尤《モット》もらしく、関東地区や中部地区の神職等が、葬儀中に執行《オコナ》われる、故人の靈魂《ミタマ》を、御靈璽《ゴレイジ》にお遷《ウツ》しすると言い、式中に場内の電灯等を消して拍子木《ヒョウシギ》で呪文《ジュモン》の様な、亦、鎮祭詞《チンサイコトバ》らしい言葉を発しながら遺体《イタイ》の納棺《ノウカン》された柩《じツギ》を三《ミ》度打《タビゥ》ち「おう、おう、おう」と言葉を発して遷靈式《センレイシキ》を執行《オコナ》います。この様な事で御靈魂《オミタマ》が移る事は有りません。亦、佛式等で、引導を渡す等と言いますが、その様な事は大いに疑問であります。

まず御遺体《ゴイタイ》には、靈魂《ミタマ》はおりません。居ない故、遺体《イタイ》、亡骸《ナキガラ》と申すのです。故人が死して人間《ヒト》から、あの世の名として〇〇〇〇命《ミコト》と名が変わります。あの世に行って靈魂《ミタマ》に成ったばかりで、一瞬にして、自《ミズ》からのおる世界が変わったのです。自分が現在どこに居るかも解らぬ、自分がどう変わったかも知らぬ世界に居るのですから、変わった世界、どの様に対応するかを、一《イチ》から學ぶのです。

故人《コジン》が死んで自分の靈魂が、自分で幽世《アノヨ》に行ったのでは無いのです。行くだけの能力は有りません。まだあの世の神術《ワザ》は無いのです。ですから自分から行けないので、産土《ウブスナ》神社から比古神《ヒコガミ》が故人の靈魂を引き取る為に迎えに来るのです。お解りください。

これから、あの世の幽《カクリ》の世界で、祖靈《ソレイ》、祖神《ソジン》としての修業をするのです。非常に厳しい神術を學び、何十年間の修業をした結果に依って神となり、子孫を守る事が出来るのです。

その様な次第で式の途次《トジ》、遷靈式《センレイシキ》をして、御靈魂《オミタマ》はお遷《ウツ》りしましたと言い、そして、神職は遷《ウツ》された御靈璽《ゴレイジ》の前に祭りを致し儀式が終わりて、神職より「式後、一時間後に十日《トオカ》祭《サイ》を執り行います」と告げられます。喪明《モア》けの祓《ハラ》いも致さず、清《キヨ》め祓《ハラ》いをせず、一時間後に十日祭というおまつりを執行《オコナ》います。故人を初め遺族を軽んじており、騙《ダマ》す事と成ります。

祭りは清《キヨ》め祓い後に執行《オコナ》う可きでありあります。御鎮祭《ゴチンサイ》は少なくとも、故人の靈魂が、神籬《ヒモロギ》に降神出来る神術《ワザ》を修得出来る辺り位の後日に行う可きである。神職は専門職である。良く勉強すべし。

二十五、自殺者

特に、産土大神が最も嫌うのは、殺人も然る事ながら、心中《シンジュウ》とか、理由は何であれ、自殺をした者、亦、その様に周りの者のいじめとか、止める事の出来る立場の上役とか、教師とか、教育委員とか指導者等、自殺を止める事が出来ぬ周りの人等《ヒトタチ》であります。

近頃、簡単に自殺する若者が多いが、周りの人々（両親や兄弟、小、中、高等學校の教育に関わる教諭とか指導者等）の考えや片寄った思想等が、亦、政治等がどうであれ、間違いが有る故、白紙《ハクシ》の真白《マッシロ》な心を持つ子供を助けられない。本人であれ、周りの関係する人等の始めより終りまで、総て、産土大神は些細《ササイ》な事をも記録されています。神の定めた神則《シンソク》に依って生まれ、その法則に依って、世の為に活用《ハタラ》く様に定められており、自殺するという事は神の定めた神則《シンソク》に違反する為、神の怒りを受けます。故に、自殺する事は神則《シンソク》を破るいけない事であります。

死後、産土大神より審判《シンパン》を受け、大変なお怒りを受けます。霊的《レイテキ》な面で霊魂《レイコン》への責めを受ける事は、つらい事であります。肉体の有る時は逃げ場が有りますが、霊魂《レイコン》だけでは逃げ場が有りません。逃げる余地が無い故に、その様に窮《キワ》まります。

二十六、産土大神の審判

多くの人達や子供や老人は、総て他界《タカイ》すれば必ず自分の産まれた國の町や村の産土大神のもとに靈魂《ミタマ》は帰ります。

直後、産土大神の審判《シンパン》を厳しく受けます。多くの比古神等より責められ、諭《サト》されます。どの様な人であっても、産土大神の元に総ての事が、誕生より死亡する迄の出来事が記録されておりますから逃げる事は出来ません。その結果、死後の自己の靈魂《ミタマ》の定められし位置が決まります。

例えば、大阪府内の生れの御主人と横浜市内で生まれた奥さんの御夫婦が年を取られて、鰥《ヤガ》てお亡くなりになれば、御主人は、大阪府内の産土神社に帰ります。そして一年、二年後に御夫人が亡くなられたら、夫人の御靈魂《オミタマ》は横浜の産土神社に帰り、そこで審判《シンパン》を受け、その結果、横浜の産土神に仕えます。

という事は、仲の良い夫婦でも、生まれた地に帰る。良く死してあの世で一緒になりましょう等の小説等にあるも、その人間《ヒト》等の思想、生き方、社会に対する功績等に依って、あの世に於ける地位、活用《ハタラ》く所等は違いますし、あの世で会う等は出来ません。

人間《ヒト》は此の世に生を受けて誕生した役目は、神より人間《ヒト》の子孫《シソン》を何代も残す事、此の世《ヨ》に於いて、神《カミ》と人間《ヒト》の持ちつ持たれつの関係を地続《トチツヅ》きの如く続ける事、神の為、人間《ヒト》の為にある事を理解し、男女共に夫婦《メオト》の形式を持って役目を果たす責任が有ります。その結果は、死後の審判《シンパン》に有り。

㋑　日本人、外國人等の総ての人類

日本人及び外國人等の総ての人類は、その國の國魂《クニタマ》神か産土神より生まれて来ますから、人間にとってイズモとなるその國の國魂の神か産土神の元《モト》に帰ります。これは人類発祥以前からの神則《シンソク》であります。

㋺　人間の死後の靈魂《ミタマ》

人間《ヒト》の死後の靈魂《ミタマ》は、自分の生まれた土地の産土神の御元《ミモト》に引き取られます。そこに於いて、即《ソク》産土大神の審判《シンパン》を受けます。生まれた時から成人して死亡する迄の自《ミズ》からの行動、例えば小學生の時は、友達をひどくいじめたか、その反対か等、亦、青年期はどうか、悪さをしたかどうか、犯罪等はどうか。思想的にはどうか、右翼思想を持ったか、左翼思想にあこがれ、學生運動《ドウ》等したか等、成年期は、老年期は、社会的に何か奉仕等を行ったか等と、親不孝はしなかったかどうか詳細に問われまして、功罪《コウザイ》を良く判別を致し、功《コウ》が大なるか、罪《ザイ》が大なるか等に依って、幽世《カクリヨ》の中に於いての位置が決まります。特に此の世では、公務員は公務上、あやまちを犯しても、公務上罰《バツ》する事（刑罰）は無いと聞くが、あの世の審判《シンパン》は逆でありまして、特に重い罰《バツ》が与えられます。この様な事は、人間《ヒト》は忘れてしまいますが、神界には総ての事が記帳されております。普通一般人の審判《シンパン》と、特別公務員、國家公務員、地方公務員等の審判《シンパン》は違います。公務員は、國家、國民の生死を左右する職務を司る立場故に、公務員として身分を保障しているのです。それだけに審判《シンパン》で、当然重刑《ジュウケイ》を致し、亦、その祖先《ソセンタチ》等にも重大なる影響を受けると共に、末代《マツダイ》迄にも及びます。この様な善悪《ゼンアク》の裁きの結果に依って、死後の位置、坐《ザ》、位《クライ》が決まります。

㋩　命《ミコト》

一般の人《ヒト》は、死して、異《コト》なって命《ミコト》として、千数百年の期間、幽世で活用《ハタラ》き、活躍する。

㋥　永久

亦、正しく修業《シュギョウ》して、身を修《オサ》め（神道的修業、學問的業《ワザ》をし社会に役立つ）、その様な偉人《イジン》は、永久に靈魂《ミタマ》・靈格《レイカク》の有する神と成って永久に幽世《カクリヨ》に存在する。

㋭　人間の死を他より見れば

人間《ヒト》の死を他より見たらば、靈格《レイカク》と肉体《ニクタイ》より成る人間《ヒト》は、実は死ぬ事は無く、その人間《ヒト》が死亡したという事は、その靈魂《レイコン》、靈格《レイカク》を持つ人間《ヒト》の肉体のみが滅亡するのみで、靈魂《ミタマ》は死亡致しません。此の後《ノチ》にも、一般の人間《ヒト》は、千数百年の長い期間を比古神《ヒコガミ》として、神《カミ》活用《ハタラ》きます。

しかし、天皇命《スメラミコト》、皇子《ミコ》等とか、偉人、亦は正神界の神のもとで修業致した神主・修業者等は永久に比古神《ヒコガミ》と成って、無限に神活用《カミハタラ》きます。

㋬ 人間《ヒト》は死亡すると肉体はどうなる

人間《ヒト》は死亡すると肉体から靈魂《ミタマ》が離れるが、実は離れた後の肉体は、人間《ヒト》の形体として、人間《ヒト》の抜け殻、入れ物であり、生命《イノチ》の靈魂《ミタマ》を守る、保護するもので、その総ての実行体《ジッコウタイ》であり、靈魂《ミタマ》が去れば、只の遺体《イタイ》であります。大神より靈魂《タマシイ》を召されるから、死亡と言われ遺体と成る。

靈魂が肉体より抜けるときは、痛くも痒くも無く、亦、何時《イツ》抜けたかも解りません。知りません。本人が死んだ事も覚えていないのです。あの世に召された当人の靈魂《ミタマ》は、今どこに居るのか、どうして幽世《カクリヨ》に来たのか、何も解らず、ボーッとしている、何の神術《ワザ》も知りません。これから教えて戴くのです。悪い事をした人《ヒト》の靈魂は何も相手にされず、ただうろうろとしているだけで、うす暗いところに漂う、彷徨《サマヨ》っている様《サマ》で終わる、何の当てにされる事も無い。亦、肉体は亡《ナ》き骸《ガラ》と申します。肉体より離れて自由と成った靈魂《レイコン》は、自《ミズ》からは自由に活用《ハタラ》く事は出来ません。離れた靈魂《レイコン》は、人間の時の靈格《レイカク》は有れど、幽世《カクリヨ》は初めての世界でありまして、靈魂《レイコン》だけで活動する方法、神術《カミワザ》を知りません。何もかも知らぬ世界故に、ましてや自分が今死んだという事自体《コトジタイ》を理解をしていないのです。何も知りません。只ボーッと致しているのみです。総て、産土神より、幽世《カクリヨ》の事を一から教えて戴き給いて、数十年を経て、神として活用《ハタラ》く事と成ります。

第三章　祭祀《マツリ》か祓靈《ハラヒ》か

一、神葬祭《シンソウサイ》、帰幽祭《キユウサイ》は正しいか

「神道では、人が亡くなることを『帰幽』といい、神社の氏子など神式の葬儀のあり方は、『神葬祭』と呼ばれています。そこでは『帰幽祭《キユウサイ》』が執り行われます。」

右の如く『日本人はなぜ外国人に「神道」を説明できないのか』の著書が二百六ページでは、この様に記しております。この説は少し違う様に思われます。

「神葬祭《シンソウサイ》」・「帰幽祭《キユウサイ》」も両方とも、祭《サイ》とか、祭《マツリ》の字と言葉を使う事は、理論的にふさわしくありません。神葬《シンソウ》とは楽しい出来事ですか、お祝いすべき事でありますか。多くの人々より歓迎す可《べ》き出来事でありましょうか。家族や親族より喜ばれる事でありましょうか。

祭《マツ》りとは祝《イワ》い事であります。喜ばしい事であります。勇《イサ》め奉《マツ》る事、和《ナゴ》め奉《マツ》る事でありま
す。神葬《シンソウ》と祭りとでは、相入《アイイ》れない出来事でありますれば、祭《サイ》という字や言葉は使えないのでは無いでしょうか。ましてや、人々を集めて賑やかに行事等を行う事ではありません。

人間《ヒト》が死亡する事、生命《イノチ》の尽きる事は神《カミ》の定めたる神則《シンソク》に依って、産土神《ウブスナガミ》の招きに従って、その御元《ミモト》に招かれ至ります。まことに厳粛《ゲンシュク》な心持ちで哀悼《アイトウ》の意を持って接しなければなりません。御魂《ミタマ》が人間《ヒト》の肉体から離れて産土《ウブスナ》神の御元に帰《カエ》られる事でありまして、肉体より離れた御魂《ミタマ》は霊魂《レイコン》と成りて元の状態に戻って、産土神の御元に至ります。神々と同じ状態にはなりますが、神としては何一つ神術《カミワザ》は知りません。今迄人間《ヒト》であったのです。自《ミズ》からの穢《ケガ》汚れを祓《ハラ》い清める事は知らず、何も出来ません。祭《マツ》りを自《ミズ》から受ける事も知らず、総て無《ム》の状態で神の元に至る故に、姓名《セイメイ》の働き異《コト》なりて、ミコトと成りて、産土大神の審判《シンパン》を受け、その後、初期の神と成る可き、神術《カムワザ》を覚える為に修業《シュギョウ》を、あの世で致します。

その時に生前《セイゼン》の自己の行《オコナ》い（善《ゼン》・悪《アク》）亦、特別に神に仕え奉りたり、修業を積んだ方々は、亦は、慈善事業等の事業を成せし方は、それなりに評価されますが、一般人は０の状態で、穢《ケガ》汚れだけを引きずって幽世《カクリヨ》に参る故、審判《シンパン》を受けざるを得ないのです。従って、死亡して直ぐ祭《マツ》りは受けられません。祓《ハラ》うのみ。

二、祭りの皇學論

マツリのマは真《マ》でありまして、亦、真《シン》でもあります。石の元《モト》の岩の如く、型そのもので何の変化も無く、常に不動の状態であり、常に不変であります。相対《アイタイ》する心は、法則を以て不変の神慮《ミココロ》に対する。

ツは、この場合は神《カミ》に対し奉り、自己《オノレ》の靈《レイ》と神靈《シンレイ》の間《マ》を約《ツツ》まらせて靈交《マジ》り、神の御元《ミモト》に到り、神《カミ》と人《ヒト》と感合《カンゴウ》致し、神人合一《シンジンゴウイツ》となる、神を活用《ハタラ》かしめ、その常態《ジョウタイ》を続かしめ、御稜威《ゴミイツ》を現はし奉り、亦、現わし奉らしめるところに意義《イギ》が有るのです。言い換えれば、不変の心と神と人間《ヒト》の間《マ》を約《ツツ》める事を「マツリ」「真運里《マツリ》」「祭り《マツ》」と言うのである。正神《セイシン》に対しての言葉であり、神々《カミガミ》に接し給う言葉であり、文字であります。

この様な理論に依り、故人《コジン》が死亡してから「神葬祭《シンソウサイ》」「帰幽祭《キユウサイ》」が執行《シッコウ》される時点に於いて、故人の罪穢《ツミケガ》れに対する清《キヨ》め祓除靈《ハラヒ》を執り行ったるや、故人の喪明けの祓靈《ハラヒ》も執行《オコナ》ったるや。祓靈《ハラヒ》を執行《オコナ》わずしては、祭は成り立たぬ事を理解すべきであります。神靈《シンレイ》も神々《カミガミ》も穢《ケガ》れを最も忌嫌《イミキラ》います。幽《カクリヨ》世の神々に対して大不敬《ダイフケイ》となりましょう。

三、祭祀と穢汚れ

㋑ 神と穢《ケガ》れ

神は甚《イタ》く穢《ケガ》汚れを嫌う。何故かと言えば、人が穢汚れを生じると、あたかも卵の殻の如く、目に見えない膜で人間自身を包んでしまい、神の御稜威《ゴミイツ》が届かぬ様にしてしまう。それ故、いくら神が人を守護しようとしても、穢汚れによって神威が届かず人を護《マモ》ることが出来ず、禍津靈《マガツヒ》に犯され不幸が起こる。人は常に身を清めて、穢汚《ケガ》れを取除くべく努め、絶えず神の御稜威《ミイツ》に浴して加護《カゴ》されることが大切であります。亦、此の顯世《ウツショ》で不幸が起こるのは、各人の祖先の罪穢汚《ツミケガ》れが顯《アラ》われて来る事も、その原因であり得る。

㋺　祭祀《マツリ》と穢汚《ケガ》れ

祭祀《マツリ》を神社に於いて執り行う時、各所、各家に於いて執り行う場合、そのことに接する関係者、神主《カンヌシ》、神職《シンショク》、氏子総代《ウジコソウダイ》、亦、祭祀に奉仕する神役《シンヤク》に決まって、各人奉仕する人々は、必ず祭祀の当日の何日か前より禊《ミソギ》を致して罪《ツミ》・穢汚《ケガ》れを祓《ハラ》い清《キヨ》めなければ、御祭神《ゴサイジン》、亦は八百萬《ヤオヨロズ》の神々等、又は御魂《ミタマ》の前にて奉仕は出来ません。奉仕者が罪・穢汚れがあって清《キヨ》め祓靈《ハラヒ》が出来ていない時は、祭祀《マツリ》は成り立ちません。神は降臨しません。御魂も同じ事であります。

では、穢汚《ケガ》れとは何か。

『広辞苑』より。

①きたなくなること。よごれること。不潔。不浄。
②忌服《キブク》・産穢《サンエ》など、神前に出たり勤につくのをはばかること。
③月経。
④悪習に染むこと。俗塵にまみれること。
佛教《ブッキョウ》を初め、他の宗教に於いても理論的に穢汚《ケガ》れの事は述べていません。

㊁　穢《ケ》汚《ガ》れ

穢汚《ケガ》れとは、人間に於いてのみ当てはまる事柄であり、人間特有の所産であります。他の活物《カツブツ》、即ち、動、植、鉱物には穢汚《ケガ》れは有りません。穢汚《ケガ》れや罪は人間《ヒト》にのみ特有《トクユウ》のものであるという事は、本質的に賦与《フヨ》された霊魂《レイコン》の活用《ハタラ》きが決定的に異《コト》なっているからです。それは人間が直靈《ナオヒ》という活用《ハタラ》きを賦与《フヨ》されている為（動植物には直靈《ナオヒ》はありません）、自ずと靈性《レイセイ》を発揮し、道を立て、道に沿ってゆく事が出来るのであります。その反面、道に反した行為をする場合、それが罪《ツミ》、穢汚《ケガ》れであります。人間が、考えたり、行動する事に責任を持たねばならないのであり、考え、行動に、不正や誤りがあれば、穢汚れと成り、又、罪と成ります。

亦、その國々の國民性《コクミンセイ》、固有の生き方、有り方に相反《アイハン》する思想、亦は、他國の思想、意志の押し付け等が穢汚《ケガ》れとなります。又、罪と成ります。例えば、多くの人々が、神の事をば、もとは人間《ヒト》であった人間《ヒト》が神と成ったと考え違いをしている事、正しい知識を學ばず、改めずにいることである。

㈡　人間《ヒト》の罪《ツミ》、穢汚《ケガ》れ

多くの人間《ヒト》が生み出す罪とは、悪《ア》しき行い、行為を言い、穢汚《ケガ》れとは、間違った考え方、思想を言うのである。人間は心（靈魂）と肉体から成り立っております。人間の行動は肉体を以て表現されます。又、其の行動を発揮させるものは心である。

それ故、人間《ヒト》が過《アヤマ》ちを犯すという事は行動に於ける、即ち誤った行為を、此れを罪と言います。その誤った行為を為さしめた考え方、思想を穢汚《ケガ》れと言うのである。従って罪とは悪《ア》しき行為を言い、穢汚れとは間違った思想を指すのである。

それ故、穢汚《ケガ》れが有る場合は、心がけや思想が間違っておるから、これを早く改めないと自ずと行動に反映され、次々と罪を重ねる結果となるから、穢汚れを祓靈《ハラヒ》去ることがより重要である。

㊭ 罪穢汚れの基準

罪は行動に於ける誤り、穢汚《ケガ》れは思想上に於ける誤りであるが、それでは何を以て誤りとするのか。その判断の基準がある筈である。その基準は神の目から見て正しいか、正しくないかの基準でなければならぬ。それ故、真に正しい基準を求めるには、神事は神が一番良く知っておるから、神から直接お教えを賜わるか、或いは前例を調べることになるのである。

㋬ 罪、穢汚れの現《アラワ》れ

㈠ どの様な人も、此の顯世《ウツシヨ》に肉体を持つと、魂《ミタマ》は確実に穢汚れてしまう。又、人の多く集まる大都会ほど、人々の持つ穢汚《ケガ》れは多い故、大都会に住みつくと、穢汚《ケガ》れに冒される。皇學を學ばないと生まれてきた意義を理解出来ず、そのままの人生を送り、何の疑いもなく穢汚れの中に育ちます。

㈡ 「人が誤った行為によって罪が生じたとしても、「神直靈《カムナオヒ》、大直靈《オオナオヒ》に……」と神直靈《カムナオヒ》の祓靈《ハラヒ》の言葉に於いて、その罪は消え去る事が日本人は出来るが、外國の宗教思想は、この日本に於いて日本人は、これは絶対に行っては不可《イカ》ぬ。この間違った思想で行えば、末代までも子孫にその禍《ワザワイ》を残す。総て人間《ヒト》は肉体でなく、心より思想は起こるもの。一旦その間違った宗教思想に染まると、なかなか正道には戻れぬ。それ故、顕世《ウツシヨ》にある間は、身を清め、行いを正し、世の為、社会の為に尽くさば（特に皇家《コウケ》の方々、國会議員等政治家、各界のリーダーの正しい心を持った方々は）、やがて身罷《ミマカ》りて後は位高き位置に昇ります。」（昭和四十一年四月十日）

㈢「総て、罪穢《ツミケガ》汚れは人が起した行為なれば、その職掌《ショクショウ》の眷属界《ケンゾクカイ》の比古《ヒコ》神、大なれば高等眷属総監、小なれば普通眷属取締り、この神が人々の生じた穢汚れを持ち支えておる。大神《オオカミ》は何等穢汚《ケガ》れなきも、穢汚れ多き神社に於いては、比古神《ヒコガミ》、朝《アシタ》の御饌《ミケ》、夕《ユウベ》の御饌《ミケ》と、大神の大前《オオマエ》に捧《ササ》げ持ち侍《サムラ》ひ仕《ツカ》へ奉《マツ》ることかなわじ。御稜威《ミイツ》著《イチジル》しく留まり、甚《イタ》く顕世《ウツシヨ》に騒《サワ》ぎ有り、種々《クサグサ》の禍津事《マガツコト》相起こる。総て善《ヨ》し悪《ア》しは人が造るもの、神は常に守護《シュゴ》するも、人の幸、不幸、善し悪しは人の行い如何《イカン》による。」（昭和四十一年三月十四日）

㈣　神界は甚く穢汚れを嫌う。其れは何故かと言えば、人が穢汚れを生ずると、あたかも卵の殻の如く、目に見えない膜で人間自身を包んでしまい、神の御稜威《ミイツ》が届かぬ様にしてしまう。それ故「いくら神が人を守護しようとしても、穢汚れによって神威が届かず、人を護ることが出来ず、禍津霊《マガツヒ》に犯され不幸が起こる。人は常に身を清めて、穢《ケ》汚《ガ》れを取除くべく努め、絶えず神の御稜威《ミイツ》に浴して加護《カゴ》されることが大切なり。亦、此の顕世で不幸が起こるのは、各人の祖先の罪《ツミ》・穢《ケ》汚《ガ》れが顕《アラ》われるとある。」（昭和四十一年七月二十四日）

ⓣ　三ツの大罪

㈠　神界に対する　不敬《フケイ》の罪

㈡　國に対する　不忠《フチュウ》の罪

㈢　親に対する　不孝の罪

ⓒ　御魂《ミタマ》と穢《ケ》汚《ガ》れ

人間の御魂《ミタマ》は、産土神より分霊《ワケヒ》として、女性の胎内に授かります。本質的には夫婦《メオト》に各両家の祖先の御《ゴ》霊統《レイトウ》の関わり、そして関わり合って授かって来ます。子供として生まれ育ち、五、六才頃迄は、罪穢《ツミケ》汚《ガ》れはあまり無いけれども、霊統的《レイトウテキ》に祖先のものを大なり小なり背負っている場合もある。

小学校に入學時頃より中學、高校あたりになると、社会的変化、担任の教師、又は、親、兄弟、親族等《シンゾクナド》、亦は書物、テレビ、ラジオ等に依る影響等、亦、法律（新憲法・旧憲法・他國の憲法）より、他國の文化より、個人個人に変化はあれど少しずつか大いにか穢汚《ケガ》れを負い、次第に左右の思想、亦は左、右に片寄った人権思想等は注意が必要であります。

特に學問や文化、科學等に依って、自國、他國のそれぞれの國魂《クニタマ》神の活用《ハタラ》きの成せる神《カム》術《ワザ》の顯《ウツシ》なれど、その目的を違《タガ》うと穢汚《ケガ》れを負い災いを招く事と成ります。それぞれが持つ各人の思想及び情念《ジョウネン》・魄力《ハクリョク》が、各國・各人種の無形の教えに反すれば、人々が良いものだと思われても穢汚《ケガ》れと成ります。

現在、今日、小學生に英語を教える等、必要な事ではありますが、日本文化を基本にして、その上に學ぶならば良きも、何故、五十一文字文化の我が國の自然法に基づく教えに対して、産業文化の為に二十六文字文化を影響させ様とするのか、これは現在の日本國にとっては必要な事ではあるが、必ず、此の日本に穢汚《ケガ》れ、罪が無形《ムケイ》の内に積もり重なって、いずれ災いとして現われてくるでしょう。

古代、儒教《ジュキョウ》、佛教《ブッキョウ》を取り入れ、その災いとして、社会の乱れ、乱れた思想が生じ、その贖《アガナ》いとして、結果的に軍國主義、思想が変化して生じの結果の現われが第二次世界大戦と成り、その結果は敗戦と成り、國民も死ぬ程の苦しみを負い、亦、次の穢《ケガ》れとして民主主義という思想に毒され、自己を忘れ、なす事を忘れ、國を民を忘れ、公僕《コウボク》も法を犯す、形だけの腑抜《フヌ》け國と成る。神の求める倭《ヤマト》の國では無い。

㋷　亡骸《ナキガラ》と穢《ケガ》れ

人間《ヒト》は御魂《ミタマ》と肉体が靈体一体《レイタイイッタイ》と成って、一個人を形成しています。御魂《ミタマ》は産土神《ウブスナカミ》より授かります。肉体は両親より賜わります。此の事は総て神の定めし神則《シンソク》に依りまして、太古より人類総てに当てはまります。生物も全部当てはまる。人間《ヒト》の授かる御魂《ミタマ》は、内蔵《ナイゾウ》された活用《ハタラ》きは、一靈四魂《イチレイシコン》の御魂《ミタマ》を授かります。

それは産土神の分靈《ワケヒ》として授かる故に、産土神《ウブスナカミ》を指して親神《オヤガミ》とも申します。人間は一定の寿命が有りますが、善行《ゼンコウ》を成せば寿命が延びる時もありますが、悪行《アクギョウ》を成せば短く成る時もあります。事故で死亡する方、亦、病気で若死にする方もあれば、幼少にて此の世を去る方、種々《クサグサ》の姿にて、此の世を去りて一生を終えます。

此の世を去るに於いて、人間《ヒト》の生命を維持している御魂《ミタマ》が肉体より離れる事に依って、その人の人生が終わります。その事を死亡したと申しますが、その人々の御魂《ミタマ》は、神の定めた神則《シンソク》に従って、産土神が御元に引き取ります。出《イツ》る元に引き取ります。故に生前の善悪の行為は扨《サ》て置き、産土神が法則に依って、人間の肉体より御魂《ミタマ》を召し上げる事、肉体より御魂《ミタマ》が離れる事態には、神の定める法則に依る故、行為には穢汚れは有りません。

その人の去りた亡骸《ナキガラ》と死した事事態は穢汚《ケガ》れ無きも、その前、その後に友人、知人、遺《イ》族《ゾク》より受ける思いに種々《クサグサ》の穢汚《ケガ》れが寄せられて、穢汚《ケガ》れが遺された魄《ハク》と混《コン》じて積もりて行きます。

㋦　魄《ハク》と執念《シュウネン》

人間は肉体と靈魂《レイコン》と魄《ハク》とで構成されて通常の生活はされています。その中の魄体《ハクタイ》は、人間の動作上、又は、活動時に絶対必要な物質であります。その必要量は、常に一定ではありません。亦、大人、子供、男性、女性に於いても違いが有ります。サラリーマンでも暴力者等でも、その量は違いますが、恨みを持つ人、強い執念《シュウネン》の深い人等が、死に当たって、此の世に恨《ウラ》みを残す人の魄《ハク》は、死亡した後も残る場合も有りますが、幽世《カクリヨ》の邪靈《ジャレイ》や浮遊靈《フユウレイ》や妖魅《ヨウミ》等と相引き合った時は世に災いをもたらします。

故に、これらは必ず清《キヨ》め祓《ハラ》いが必要であります。これは靈魂《レイコン》と肉体の接する度合いに依って、必然的に生じるものであって、眼に映ったり、無形であったりし、物質としてはタンパク質の一種であって、エクトプラズムであると言われています。

㋾　左右の思想

各國の國民には、國民性として理想の思いが種々《ソレゾレ》あります。世界の平和に対して、各國々の安定のためにも、自然の世の流れに沿った思いがある。だが多くの人々には、十人十色の思いが有り、その思いが固く、信念となり、右に左に走って、社会の流れから片寄って信念が思想化してゆくと、穢汚れと成って災いを招く事と成ります。

四、人間《ヒト》の内部と構成

㋑　人体は靈魂《ミタマ》と肉体とに依って成り立つ

人間《ヒト》は、生まれた時、此の世に生《セイ》を受けた時より御魂《ミタマ》と肉体から構成されておりまして、靈魂《レイコン》は産土大神より授《サズ》かります。世に言う先人が祖先等が相談して、いずれかが生まれ変わる等という事が巷《チマタ》で言われていますが、その様な事は一切ありません。まったくの新しい御魂《ミタマ》が授かります。亦、肉体は両親より賜わります。新しい細胞を頂いて、新しい生命《セイメイ》を育む両親の愛情と共に育ちます。亦、生命《セイメイ》と肉体を円滑に活動する為に魄体《ハクタイ》が必要毎に必要量が齎《モタラ》され、その質はタンパク質の一種でエクトプラズムと言われています。故に人間は死亡する時は、死期《シキ》が来ると産土大神が、その人間《ヒト》の御魂《ミタマ》を引き取りに参りますが、その引き取り方は静かに厳粛《ゲンシュク》に引き取ります。

種々《クサグサ》の方法で瞬時に引き取りますが、その瞬間のショックは有りません。いたくも有りません。怖くも有りません。解らぬ内に、スーッと引き取って行きます。

霊魂《レイコン》が肉体より離れると、全ての肉体の活動が停止します。世間の言う植物状態に成ったとか、脳死という言葉を良く耳にしますが、この場合は人工呼吸器等に依って、未だ心臓が動いている場合は、荒魂《アラミタマ》が活用《ハタラ》いています。故、霊魂の活用《ハタラ》きは弱いとは申せ肉体より離れていませんので人間《ヒト》の死ではありません。まだ、生きております。

人工的に肉体を活動させられていても、荒魂《アラミタマ》が活用《ハタラ》いていれば、霊魂の他の三魂が停止していても離れていません。霊魂が完全に離れれば、いくら人工的に器具を使用しても機能は停止します。亦、成長や体力の回復等は、荒魂の活用《ハタラ》きに依ります。肉体の、亦、人命の生死《セイシ》は、すべて、霊魂《レイコン》の有無に関係いたします。

㋺ 生命《セイメイ》は無元質《ムゲンシツ》であります

肉体的活動は、簡単に申しますと、無元質《ムゲンシツ》の靈魂《レイコン》より、靈素《レイソ》から顯《ウツシ》の素粒子《ソリュウシ》に、元素《ゲンソ》へ、亦物質にと命令が傳わり、行動とか活動が傳動《デンドウ》して行きます。御魂《ミタマ》が離れたか離れぬかは、生命《セイメイ》は物質《ブッシツ》では無いので中々判断は難しいので、医者は脈動《ミャクドウ》を確かめます。御魂《ミタマ》の離遊《リユウ》は、産土大神の職掌《ショクショウ》、権限《ケンゲン》であります。

良く世間では、「人間《ヒト》が死亡すると、その死者の靈魂《レイコン》が、その者の家の棟《ムネ》に、御魂《ミタマ》が暫く留《トド》まる等、亦は、その者の亡骸《ナキガラ》に、靈魂《タマシイ》は二、三日付かず離れずにおる」等の話を聞きますが、それは迷信であり、作り話であります。佛式《ブッシキ》の葬儀を執行《オコナ》う僧侶達や、神葬式《シンソウシキ》を執行《オコナ》う神職《シンショク》等は、葬儀中に於いて、柩《ヒツギ》の中の亡骸《ナキガラ》に僧侶は引導《インドウ》を渡すとか、三宝《サンポウ》に帰依《キエ》しろと何度も唱えます。亦、神職達は遷靈式《センレイシキ》を行うと、電灯を消して、拍子木《ヒョウシギ》で柩《ヒツギ》を三度《ミタビ》打ちて、御靈璽《ゴレイジ》に遷《ウツ》すと唱言《トナエゴト》をする等を執行《オコナ》います。

彼等は本当に遺体に靈魂《ミタマ》が留《トド》まっておると思っておるのか。その様な真似事《マネゴト》として執行《オコナ》ったのか。然し遺族達は、その行為に依って靈魂《ミタマ》が留《トド》まっていると思うでしょう。

しかし、その様な事は有りません。神の定めた神法《ノリ》に依って遺体には靈魂《レイコン》は一分たりとも留《トド》まる事は有りません。何故ならば法則であるからです。僧《ソウ》や神職《シンショク》等は、靈魂《レイコン》の事も皇學《コウガク》も、ほとんど知らないからです。

御魂《ミタマ》の抜けた亡骸《ナキガラ》を供養《クヨウ》したとか、靈魂《ミタマ》を勇《イサ》め和《ヤワ》した等と言う事も本当であろうか。現在の多くの神職等や學者の方々は、神は古代《ムカシ》の人間《ヒト》が神と成って、神《カミ》は人間《ヒト》成りきと思われている様である。神々の事を余り知らぬ様であります。

従って神を知らねば神の世界も知らぬ故に、人魂《ジンコン》の事も知らぬ事と成ります。故に、葬儀の方法も良く実際は出来ぬ事と成ります。

(ハ)　小精神《ショウセイシン》

小精神《ショウセイシン》とは人の心の動き、即ち〝魂＋魄〟の姿である。

心と四魂が体に活用きかけて生じる靈魂《タマ》の顯世に顯われ出た情。五魂の現れ。

喜《ウレシヒ》	悲《カナシヒ》	楽《タノシヒ》	賑《ニギハシヒ》	願《ネガハシヒ》	恨《ウラメシヒ》	惜《オシヒ》	馴《ナレノレシヒ》
荒《アラアラシヒ》	苦《ニガニガシヒ》	愛《メズラシヒ》	歎《ナゲカワシヒ》	畏《オソロシヒ》	怪《アヤシヒ》	恥《ハズカシヒ》	悔《クヤシヒ》
睦《ムツマシヒ》	疎《オロソカシヒ》	厳《キビシヒ》	因《クルシヒ》	親《シタシヒ》	喧《ヤカマシヒ》	忌《イマハシヒ》	欲《ホシヒ》
勇《イサマシヒ》	女《メメシヒ》	男《ヲヲシヒ》	良《フサハシヒ》	猥《ミダリガハシヒ》	正《タダシヒ》	愚《オロカシヒ》	神《カミカミシヒ》

躁《サハガシヒ》 寂《サビシヒ》 長《ナガナガシヒ》 悼《イタマシヒ》 褒《ホガシヒ》 笑《オカシヒ》 美《ウルハシヒ》 弱《ヨワヨワシヒ》

強《ツヨツヨシヒ》 異《コトコトシヒ》 久《ヒサシヒ》 永《ナガシヒ》 蹰《タドタドシヒ》 速《ハヤバヤシヒ》 遅《オソオソシヒ》 悉《クワシヒ》

騒《サワガシヒ》 遠《トホトホシヒ》 近《チカチカシヒ》 微《スコシヒ》 道《ミチミチシヒ》 重《オモオモシヒ》 恭《ウヤウヤシヒ》 急《イソガシヒ》

貧《マズシヒ》 諂《ヘツラハシヒ》 空《ムナシヒ》 恐《オソロシヒ》 等《ヒトシヒ》 穢《ケガラハシヒ》 清《スガスガシヒ》 浅《アサアサシヒ》

深《フカフカシヒ》 忠《マメシヒ》 奇《クスシヒ》 狂《クルハシヒ》 妬《ネタマシヒ》 仇《アダアダシヒ》 禍《マガマガシヒ》 惑《マドハシヒ》

晴《ハレバレシヒ》 望《ノゾマシヒ》 優《ヤサシヒ》 宜《ヨロシヒ》 悪《アシヒ》 好《コノマシヒ》 早《ハヤバヤシヒ》 華《ハナバナシヒ》

雛《ヒナヒナシヒ》 媚《コビシヒ》 賢《サカシヒ》 羨《ウラヤマシヒ》 寵《メグマシヒ》 新《アタラシヒ》 疾《ヤマシヒ》 猛《タケダケシヒ》

廉《カトシヒ》 閑《ノトカシヒ》 嶮《ケハシヒ》 他《ヨソヨソシヒ》 歓《ヨロコバシヒ》 怒《イカラシヒ》

第四章　人間《ヒト》の死亡

一、死亡

㋑ 産土神と人間《ヒト》の靈魂《レイコン》

産土神《ウブスナカミ》の産土《ウブスナ》という言葉の持つ意味、亦、解釈は、産為根《ウムナスネ》、産須那《ウムスナ》の根《ネ》と那《ナ》は発生音が通ずる、所謂《イワユル》、通音であって、産須那《ウブスナ》と稱《タタ》え奉りて、萬物《バンブツ》を生み成す根本の事で大地そのものである。

地《チ》の事をナと言い、地震《ナイフル》の事などナイフルウと言われているのをみても解る通りで、言ってみれば、萬物を生み、生産するの根本の大地を掌《ツカサド》る神の御名の稱《タタ》え言葉であります。大きい活用《ハタラ》きの御名は、大國魂《オオクニタマ》大神、亦は大地主《オオトコヌシ》大神と申し上げ、それより中位の活用きを國魂《クニタマ》と申し、その次の活用きを産土神と申し上げまして、八百萬《ヤオヨロズ》の神は、総て幽《カクリ》の宮と此の世にも有る顯《ウツシ》の宮があります。従って神々は常に幽顯《カクリウツシ》の宮に於いて活用《ハタラ》きますが、人《ヒ》間《ト》は、顯《ウツシ》の宮《ミヤ》を主に敬《ウヤマ》い拝《オガ》みます。

我々は、常に幽顯《ユウケン》の宮に坐《マ》す産土神に守られておりまして、此の世《ヨ》を死して去る時は、産土の神の幽《カクリ》の宮に引き取られて、産土大神の審判《シンパン》を受けて幽《カクリ》の宮に坐《マ》して、しばらくは神と成る可き神術《カミワザ》を得る為の修業を致します。人間《ヒト》の御魂《ミタマ》は、死すれば、亡骸《ナキガラ》には止《トド》まる事は有りません。産土神の審判を受けた後は、神術《ワザ》の取得《シュトク》の為に、人間で言えば修業にある年数を要します。

故に、死して直ぐに葬場《ソウジョウ》の神籬《ヒモロギ》樹に降りて来る事は出来ません。産土神の御元《ミモト》に一定期間おる為、降《クダ》る許可は出ません。ましてや、故人の御魂《ミタマ》は、自から降臨《コウリン》する神術《ワザ》を知りません。生前に於いて修業をして、その様な神術《ワザ》を会得しておれば、いざ知らず、ほとんどの人は知りません故に、降《クダ》り様にも降《クダ》り方を知りません。

それ故に、祭祀《マツリ》等は当然降りて来て受くる事は有りません。産土神社の幽宮《カクリノミヤ》にあっても、受ける靈力《レイリョク》も無い故に、代わりに産土神が受くる事と成ります。従って、その様な祭事《サイジ》は不可能でありまして、亦、穢汚《ケガ》れ多き折り、その所に降りては来ません。まず初めに穢汚《ケガ》れを取り去り、神術《ワザ》の会得が第一であります。故に、家族、親族に清《キヨ》め祓靈《ハラヒ》を執行《オコナ》い故人の御魂の修業の邪魔をせず、協力する為にも顯世《ウツシヨ》にあっては、清《キヨ》め祓靈《ハラヒ》に祓靈清《ハラヒキヨ》めましょう。故人の御魂は、幽の宮にあっても神術《ワザ》を學び、一柱《ヒトハシラ》の神として活用《ハタラ》きが出来た時、初めて、その家の祖靈《ミオヤ》と成り子孫《ウミノコ》を守ります。

㋺　神葬《シンソウ》は儒佛《ジュブツ》の渡来《トライ》に依り中断

奈良時代以降、急速に佛教式の葬儀《ソウギ》が、佛者《ブッシャ》の手に依って執行され、それが葬儀だけで無く、祖先祭祀《ソセンサイシ》までも行うありさまです。佛教は、自己の悟《サト》りの為に坐禅を組んで無《ム》の状態に成るのが望みでは無いのか。神道の御魂《ミタマ》を鎮祭《チンサイ》する鎮魂《チンコン》の法を目的としたお教えではない筈、坐禅の目的と鎮魂法《チンコンホウ》とでは、月とスッポンの違いがあり過ぎる。日本に入ってからの佛教は、本来の覚りに導く教えを他に向かわせ、神佛共の教えと有るが如くに説き民衆を欺くが如き説はよろしからず。

所謂《イワユル》、佛教とは、所詮《ショセン》、対象物は心であって、飽く迄も神道の教えの靈的対象で無く、根底より、その教えは異なり、その心の域を出ないのです。佛教の本質は、心対心であったのです。現在の佛教のあり方は、心を以て靈に対するもので祖先供養にはなりません。葬儀も祖先供養も、心で行うものではないのです。即ち、亡骸《ナキガラ》には心は存在していません。佛教は本来、人間《ヒト》を救うお教えであります。

①佛教

電子辞書スーパー大辞林によると、「〔仏陀が説いた教えの意〕紀元前五世紀（一説に前六世紀）に釈迦が開いた宗教。インドにおこり、ほぼアジア全域に広まった。この世を苦しみ・迷いの世界と見、苦行にも悦楽にも偏らない正しい実践によってそこから脱け出ること、さらには迷いに沈む生きとし生けるものを救うことを目ざす。」

亦、神社新報社出版の神葬祭の栞《シオリ》によると、

「一方、仏教は無神論であり、万法空を説くのであるから、亡くなつた人々の魂をお祀りせねばならぬといふやうなことは、釈尊の教義のうちにはない。それが、日本へ入つてからの仏教は、我が国の固有の習俗である祖先並に祖霊を祭る信仰を無視しては、これを弘布、普及せしめることは出来ないので、即ち祖先の霊を仏として供養することによつて、仏教の生命を今日に伝へて来たのである。」

㈧　**佛教の葬儀（佛式の葬儀）**

靈之本《ヒノモト》の國は、神の國であり、神、天皇《スメラミコト》の治《シ》らす國でありました。総てが惟神《カンナガラ》の道に依って立つ國なるが、儒教《ジュキョウ》と佛教《ブッキョウ》が渡来し、佛教を布教するに当たり、在来の神を、佛《ホトケ》・菩《ボ》

薩《サツ》が仮の神の姿と成ってこの世を救う為に現われた等と人々をだまして、佛教を信じさせ、長い年月の間に、我々日本人の生活様式の中に溶け込んでしまった。特に徳川時代、幕政に依り、大部分の人々を葬式や祖先祭祀《ソセンサイシ》等も佛式《ブッシキ》で行う様、強制された。

それらに依って、慣習によって佛教が、生活上、宗教儀礼としてかかわらざるを得ぬ存在に成ってしまった。そして、何時《イツ》のまにか、佛式という方式を以て葬式を行って来たのであり、不自然を不自然と思わなくなった。本来、佛式で葬儀を行うという事と、生まれて来て、死して去り着くという事とは別なのであります。

佛教は、我々日本人にとっては、ずっと、ずっと後《ノチ》の世《ヨ》に成って、他國の人に依って作られた宗教思想でありまして、インドという國の宗教であります。日本人の為に考え作られた教えでは無いものでありまして、当時の日本人の一部の人が知り得た中に、当時の欽《キン》明《メイ》天皇がおられまして、今まで天照皇大《アマテラススメオオ》御神《ミカミ》の御稜威《ミイツ》を賜わり守護をいただきながら迷われて、佛教を信じようとし、以後の天皇や皇族《コウゾク》、亦、貴族《キゾク》達が入信した故、人民もそれにならわれた。佛教は顯世《ウツシヨ》に生活する人達を救うお教えであり、幽世迄は及ぶ事はありません。では、佛教が来る以前、死んだ我々の祖先や先人達の御靈《ミタマ》は一体どこに行かれたのでしょうか、という事にも成ります。

これらの宗教思想、宗教行事等、慣習性をおびた行事や諸説と、真実とは根本より異なっているのであります。

(ニ) 徳川時代

江戸初期より徳川家に依って、佛教色が特に厳しくなった様である。キリシタン信者の禁圧を兼ね、日本國民を監視する等、寺請《テラウケ》制度を設けた。亦、領民には人別帳《ニンベッチョウ》と檀家《ダンカ》制度を取り入れ、檀家寺《ダンカデラ》に、そこの僧侶に権限を与え、判を押す等もして、否応無く佛教に従う様にしてしまった。故に、日本の民は、徳川家によって、強制的に佛教に入信させられ、強制的に心ならずも三宝《サンポウ》に帰依《キエ》させられた。

(ホ) 江戸中期の復古神道《フッコシンドウ》

江戸中期に學者の間に排佛《ハイブツ》の風がおこり、それにつれて、神道を信じている者達により、神葬の研究が始まり、伊勢に於いて學者等が、亦、吉田神道に依って研究がはじまった。それに続いて、神職等が行動を起し、その結果、徳川幕府は一七八五年の正月初めて許可された。

一般人が神葬祭《シンソウサイ》が出来る様に成ったのは、明治元年三月の神佛分離令《シンブツブンリレイ》からで、亦、明治五年頃は、神官については、従来は葬儀に関係しない建て前であった故、葬儀の事は、神職の大部分は余り知らぬようである。

二、神葬式（手続き）

我々は、家族の一員が不幸にも此の世を去る様な事になり、突然に此の世を去りて、二度と帰り来ぬ一ツ道《ミチ》に旅立った時、残されし家族は、悲しむ時も無く、種々の行う可き手続きが発生致します。

㋑　帰幽奉告

家庭内にて祭祀《マツ》る神棚の産土神《ウブスナカミ》の社《ヤシロ》と、祖靈舎《ソレイシャ》に奉告と、扉を閉じ、前面に白紙をはる。此の儀は、成るべく他人と接せず、食事会等もさける。三親等の親族は、三十五日間の喪《モ》に服す。友人、知人は二十七日間の喪に服すを原則とする。

ロ　**喪主決定**

速やかに家族、亦、親族に集まってもらい、喪主《モシュ》を決定し、喪主を中心に各事項を決めて行きます。（葬儀の方法、規模など）

ハ　**葬儀社の決定**

現在は、種々《クサグサ》の公式手続き等は葬儀社が行いますので、任せて代行してもらうのが良いでしょう。但し、神葬儀《シンソウギ》の方法、亦、神の事や御魂のことは知りません。現在、學び中で知識のある職員はおりませんので、こちらの法で指示する事が必要であります。

ニ　**葬儀担当の神職の決定**

葬儀社と良く打ち合わせをして、神職を決める。その後、日時を決定。（式次第を用意する必要が）

ホ　**葬儀社と式場の決定**

式場を決めたら、神葬式の内容に依って、その準備をする。（その結果に依って、日時

が決まるかも）

三、遺族と葬儀社との打ち合わせ

此の神葬式《シンソウシキ》は、今迄の神葬式《シンソウシキ》とは多くの違いが有るに依り、此の葬儀の意義と違いの内容を説明する必要がある。

㋑　通夜《ツヤ》式場に祓所《ハライジョ》と式場を設ける。

通夜《ツヤ》の意味を満たすと同時に祓靈《ハラヒ》の目的を達する為の式場である。

四、納棺《ノウカン》の儀《ギ》

どなたも死亡する時は、大方は床内《トコウチ》に於いて、此の世の終わりを迎えると思います。遺体を葬儀社の方々にお願いを致し、準備が出来次第、納棺《ノウカン》をお願い致し、終了後、改めて次に移ります。

五、納棺後に柩《ヒツギ》の祓霊《ハラヒ》

納棺が終了致しましたら、式場の位置に据え置く。
次に清《キヨ》め祓霊《ハラヒ》の準備（浄衣、切麻、大麻、塩湯）を致します。
家族・親族は席に着く。神職坐《シンショクザ》に着く。
祓霊《ハラヒ》の式次第

一、修祓
一、清め祓霊
　㋑　切麻所役
　㋺　大麻所役
一、典儀

六、通夜式

人間《ヒト》が死亡しますと、先ず家族、親族、知人、友人等に大きく影響を与えます。そして故人に対しての種々《クサグサ》の思いや期待や、先の世に対するもの、亦、過去の功績等、それぞれの相対《アイタイ》の情、愛情などの切っても切れぬ強い縁《エニシ》に対する思いを、亦、故人に対する感謝の氣持ち等、この最後の別れの時を、互いの為に、氣持ちの区切り・段落の時を与えて後日の良き縁を作る場と成りましょう。

㋑　式場の設置の準備と確認

今日の通夜《ツヤ》は佛教式でありまして、神式の通夜もほとんどが、佛教式を全くまねて執り行っています。その基本的な考え方は、靈魂《ミタマ》と肉体の関係を知らず、死後の靈魂《ミタマ》の行方を知らぬ事、この事は今迄に述べて来ました故、もう皆様方は御存知であります故に、新しい通夜式《ツヤシキ》を執行《オコナ》う事と成ります。

では、式の構成を示します。

式場

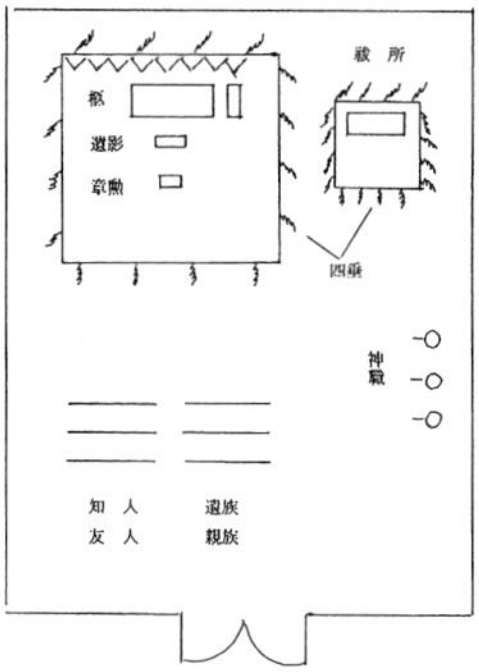

①向かって右側に祓所。
（祓所の注連縄に四垂をつける）
②正中に柩《ヒツギ》、注連縄《シメナワ》を巡《メグ》らす。
③柩にも注連縄。
柩にも四垂を付ける。

㋺ 式のはじめ（司会、典儀《テンギ》）

通夜式のはじめに当たり、司会者より式の意義と輪郭を述べて頂く。（予め柩のフタは開けて置く）

式次第

一、修祓《シュバツ》（祓主、大麻所役、塩湯所役）〔二拝・二拍手（しのび手）・一拝〕

以下同じ

一、偲《シノ》ぶ辞《ジ》（友人、知人、孫、子供、親族、連れ合い）

一、清《キヨ》め祓霊詞《ハラヒコトバ》（祓主）。

① 切麻所役（柩《ヒツギ》、親族、知人、友人、一般）

② 大麻所役（柩、親族、知人、友人、一般）

一、典儀終了を告げる。

③ 別れの儀（親族、知人、友人、一般）

一、司会

④喪主《モシュ》の挨拶

一、神職退場。

一、家族、親族退場（挨拶の位置に着く）

一、一同退場。

七、御柩《ヒツギ》納《オサ》めの祓霊

此の神葬《シンソウ》の内に何度も祓霊《ハラヒ》を行う事を不思議に思うと思うが、それだけ穢汚《ケガ》れは恐いものであり、中々祓霊《ハラヒ》切れるものでは無い、皆に好かれ、亦、尊敬されればされる程、亡骸《ナキガラ》に依り来る穢汚《ケガ》れは祓霊《ハラヒ》ても祓霊《ハラヒ》ても、切っても切れぬもの。
故に初めより祓霊《ハラヒ》によって、祓霊《ハラヒ》にて締《シ》め終えて鎮魂《タマシズメ》に至る事が必要であります。

㋑　**準備（葬儀社）**（家族、親族、知人、友人、一般）
柩の中等に、亡骸《ナキガラ》の周りに遺品や榊の小枝等で清らかさを保ちつつしましょう。（草花には曲津霊が依り来る事が多いので成るべく避ける）
①納め祓霊《ハラヒ》
締《シ》めた後、柩《ヒツギ》の周りに注連縄《シメナワ》を巡《メグ》らす。
次第　　　　家族、親族、列席
一、修祓

大麻所役、塩湯所役。

一、祓主《ハライヌシ》

清め祓《ハラ》霊《ヒ》詞《コトバ》奏上。

切麻所役、大麻所役。

一、典儀《テンギ》

八、発柩《ハッキュウ》

時刻に従って、霊柩車《レイキュウシャ》に親族の捧げ持つ柩《ヒツギ》を車内に送ります。

㋑ 見送り

発柩に対しまして、各沿道に並んで見送りを致します。

九、火葬《カソウ》

㋑ 火葬

遺体《イタイ》を火葬するということは、生前より死にいたる迄の間、犯したと思われる肉体的な種々の罪《ツミ》・穢汚《ケガ》れの不浄《フジョウ》を火葬という方法を以て消滅、即ち祓靈《ハラヒ》、靈魂《ミタマ》と肉体の分離を完成せしめる。

肉体と靈魂《ミタマ》を分離するという事は、御魂《ミタマ》は真理《シンリ》のみの世界にまねかれた事である。亦、肉体から発揚《ハツヨウ》する情《ジョウ》、及び五情《ゴジョウ》のあふれ出る世界より離れる、情《ジョウ》の無い世界に入ったという事でありまして、以後には遺族より出る情に依る穢汚《ケガ》れに犯《オカ》される事となり、故人は、その御魂《ミタマ》の存在する世界は情《ジョウ》の無い世界であります。

①遺体への最後のお別れ

遺体の火葬される直前の、最後の別れに、安置されている柩《ヒツギ》の前部を開き、家族より、親族、知人、友人等と巡りて別れを告げる。

Ⓡ　火《ヒ》の祓靈《ハラヒ》

火《ヒ》の祓靈《ハラヒ》とは。故人の考え方、亦、思想、それに倶《トモ》ない行動を罪《ツミ》と成ります。故人の自《ミズ》からの行いに依って、罪・穢汚れが積もり積もって、心と体《タイ》に附着した。故人の死亡して、御魂《ミタマ》は産土《ウブスナ》神の元に帰りまして、残された亡《ナ》き骸《ガラ》の穢汚《ケガ》れを、火葬という方法を以て、禊《ミソギ》祓霊《ハラヒ》を致します。

㈧　収骨

火葬した後、遺骨だけが残ります。火葬場の職員の指示に従って、家族、親族、知人、友人等に依って収骨《シュウコツ》しますが、この遺骨には御魂《ミタマ》は鎮まっておりません。

故人は死亡すると〝産土大神《ウブスナ》の御元〟にお帰りに成る時、遺体を物実《モノザネ》として幽体《ユウタイ》を形《カタ》づくります。総て幽体《ユウタイ》でありますが、御魂《ミタマ》と骨（五体の）、肺器官を以て幽《ユウ》の人体型をつくりて、昇《アガ》ってゆきます（心臓《シンゾウ》は不必要。これは生存時《セイゾンジ》だけに必要故、これを逆に考えれば、心臓が人工的にでも働いておれば、御魂《ミタマ》は完全には離れていません。完全な死亡には成らず肉体と密接な関係の在る荒魂が活用いておるからです）。

故に、後日、親族等が分骨《ブンコツ》等を望まれる事が有りますが、なる可く分散《ブンサン》しない様に、あの世にある故人に影響が及びます。各人が故人を祭祀《マツリ》をする方法（分祀《ブンシ》）があります故、骨には靈魂《レイコン》は存在しませんので、祭祀《マツリ》等しても、意味の無い事です。

十、神葬送の儀式

㋑　靈《ヒ》と体《ミ》の天地の別れ

人間は、産土神より、一靈四魂の御魂を授かり、親より肉体を賜わりて、此の世に生《ア》れ出《イ》でて参ります。赤子として、両親を初め、親族等より愛《メ》でられて育てられ、少年期、青年、大人と成人し、やがて一生を大成して終わりを迎えます。その終命《シュウメイ》は産土大神よりのお迎えを得て、御魂《ミタマ》は、二度と帰り来ぬ一道《ヒトミチ》を経て、出《イズ》る元なる産土大神の基にて、幽世《カクリヨ》に於いて神となる可き修業に就き給います。

故に、御魂《ミタマ》は幽世《カクリヨ》に神としての神術《ワザ》を得て祖靈《ミオヤ》への、神《カミ》の道を、亦、体《ミ》は、此の世に体《ミ》異《コト》なりて、遺体として大地に帰り行く神葬送《ミオクリ》の式へと、天地の別れに着きます。

㋺神葬送式の清め祓霊の準備

①斎場の中央神葬式場

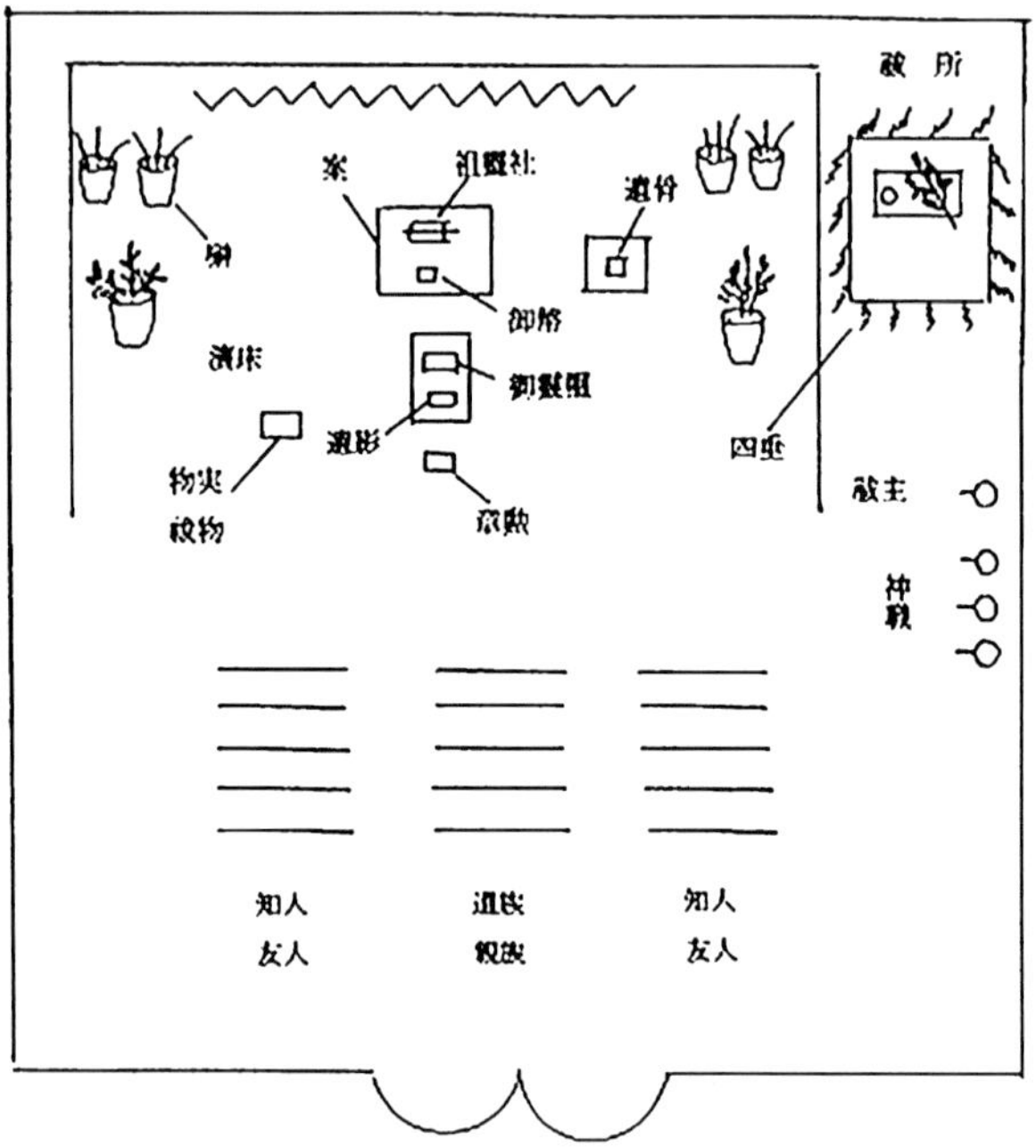

準備用具

一、白、黒の幕
一、白張屏風
一、濱床　一
一、祖霊舎
一、靈代幣串
一、濱床　二
一、御靈璽（比古、比女名）
一、遺影台
一、勲章用案
一、案
一、真榊　二ツ
一、物実用小案　一
一、物実

②向かって右側に別に祓所を設け注連縄《シメナワ》を巡らす。

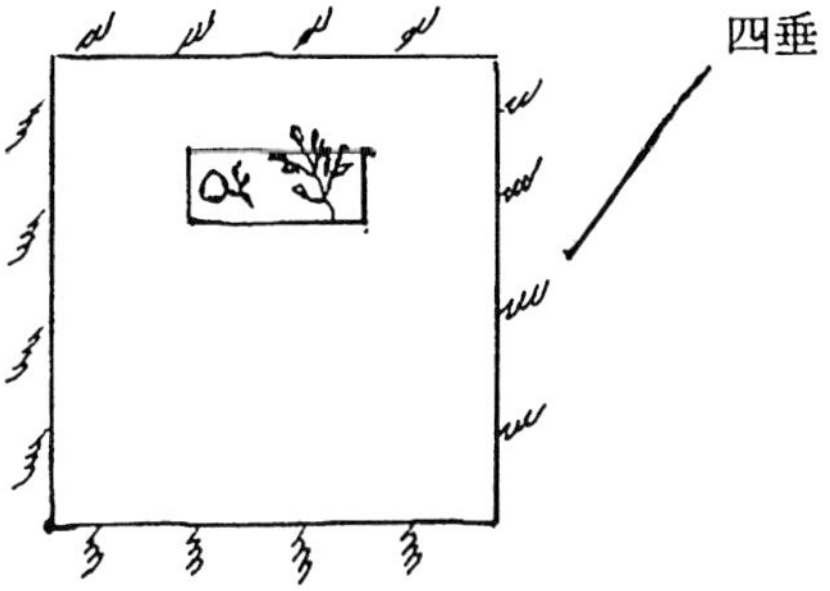

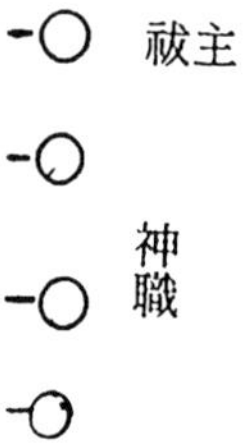

祓霊用具

一、切麻

一、大麻

一、御酒

一、塩湯

一、自祓切麻

一、祓霊案　大小　二脚

(ハ) 神葬送《シンソウソウ》の祓霊《ハラヒ》式

①式次第

一、式の始めに当たって、理《コトワリ》を司会者に依って故人に対して、出席の弔問者に対して告げる。

一、修祓《シュウバツ》

・祓主《ハライヌシ》、祓霊《ハラヒ》詞《コトバ》を奏上《ソウジョウ》

・大麻所役

・塩湯所役

一、偲《シノ》ぶ辞《ジ》

・友人の辞・知人の辞

・孫、子供

・親族の辞・連れ合いの言葉

一、神葬清《シンソウキヨ》め祓霊《ハラヒ》詞《コトバ》、祓主《ハライヌシ》奏上《ソウジョウ》

・切麻所役《キリヌサショヤク》、正面上段に向かって、左右左《サユサ》と祓《ハラ》う

次に遺族、親族を左右左と祓《ハラ》う。次に知人、友人等を左右左と祓《ハラ》う

・大麻所役、正面上段に向って、左右左と祓う
次に遺族、親族を左右左と祓う。次に知人、友人等を左右左と祓う
・御酒所役、正面上段に向って左右左と祓う
次に遺族、親族を左右左と祓う。次に知人、友人等を左右左と祓う
・各、祓霊具を修める
一、典儀《テンギ》
清《キヨ》め祓霊《ハラヒ》の神事《シンジ》の終了を申す
・喪主のあいさつ
・物実の所役、祓霊物の祓霊失う（祓霊やれ）
一、司会、儀式の終了を告《ツ》ぐ
・神職退場
・家族、親族退場し、出口の挨拶《アイサツ》の位置《イチ》に着く
・一般、一同退場
・一同、一般休憩場へ
・家族・親族一同、式場より帰家す

十一、埋葬《マイソウ》

㋑　埋葬

①当日、亦は後日に、墓地と墓が有れば日時を定めて埋葬。

②新たに墓地を求め、墓を建てて、日時を定めて埋葬、納骨致します。

再々申し上げますが、遺骨及び墓にも故人の御魂《ミタマ》は存在致しませんので、在りし日の故人に接すが如き華美《カビ》な広大な墓は、不必要であり、故人に対する穢汚《ケガ》れと成ります。普通に、人並みで良く、大切にし過ぎず、貧し過ぎぬ、ほどほどの物に致す事が肝要でありま す。

家族が墓に参拝致した時は、願い事は墓に於いてはかなう事は有りません。只、粗末に致さない様に。しかし、墓を大事に致す事自体の行動、その心情は、幽世《カクリヨ》の産土神社におられる故人の御魂《ミタマ》は、遺族のその様子を確認しております。

十二、喪《モ》

喪は人間が死亡した後に、近親者が、その死を悼《イタ》み、その事態に依って生じた穢汚《ケガ》れを忌んで、心の持ち方、行動を慎《ツツシ》む事、一定の期間を家に籠《コモ》って、他人との交際等を避ける事、亦、神社等には行かぬ事。勿論、家の神棚等には白い紙を貼って、その表われとす。

㋑　**喪《モ》に服《フク》す日数と対象者**

①家族を初め、三親等迄の親族　　　三十五日

②友人、知人等は　　　二十七日

十三、死後の清《キヨ》め祓靈《ハラヒ》

㋑　**喪明《モア》けの祓靈《ハラヒ》　（自祓　　切麻）（祓靈《ハラヒ》ツ物、物実《モノザネ》）**

㋺　**五十日《イソカノ》清《キヨ》め祓靈《ハラヒ》　（切麻、大麻、塩湯）**

㋩　**百日斎《イ》み清《キヨ》め祓靈《ハラヒ》**

二百日斎《イ》み清《キヨ》め祓靈《ハラヒ》

三百日斎《イ》み清《キヨ》め祓靈《ハラヒ》

十四、我が國の祖靈祭《ソレイサイ》

㋑ 古代よりの神道《シンドウ》の祖靈祭《ソレイサイ》

古代より皇家《コウケ》を始め一般市民に至るまで、神道の惟神《カンナガラ》の道を我が道にと心に止《トド》め今日に至る。中古、儒教《ジュキョウ》、佛教《ブッキョウ》の渡来以後、我が國に神道以外の各種宗教も入って来たが、主に佛教の広まりが大きく、無神論《ムシンロン》の佛教が、普及しない為、無知、無教養な日本人に佛教に本来無き教えを有るが如くに説き民衆《ミンシュウ》を欺《アザム》いて信者《シンジャ》と致してしまいました。本来、佛教は発生いたした、その國の國民を救う為の教えでありまして、インドや中國の人民の為の教えであり、日本の國民を救う為の教えでは無かった筈であります。日本民族は惟神《カンナガラ》のお教えを本に、古来より固有の神葬式《シンソウシキ》を行っておりました。亦、記紀《キキ》にも、その事は記されております。亦、古来より、その様な習俗の有る地方も有ります。

日本の各家庭では、通常奥の部屋に神棚《カミダナ》が有り、牛蒡注連《ゴボウシメ》に四手《シデ》、四垂《ヨタレ》付けて、神棚の風格を齎《モタラ》し、別に祖靈舎《ソレイシャ》を設けております。亦、正月に、亦、春秋皇靈祭等《シュンジュウコウレイサイナド》決められし祭祀《マツリ》を執り行います。これらが神道の家庭であります。これらの事は、江戸時代に入っても心有る者は行なっておりました。

㋺　倭民族の祖先、祖靈祭祀《ソレイサイシ》

我が國は、古代より島國でありまして、古来より一民族、倭民族《ヤマトミンゾク》として生まれ育ち、民族同志、互いに協力し、互いに守り合いながら、天津神《アマツカミ》、八百萬《ヤオヨロズ》の神の元、御祖先《ミオヤ》に守られながら、亦、敬い尊びながら祖先祭祀《ソセンサイシ》を仕え奉りて、一族、倭民族《ヤマトミンゾク》として進化発展を成して参りました。

十五、年祭《ネンサイ》と合祀《ゴウシ》

㋑　年祭とは

毎年、祖靈祭を執行《オコナ》うが、三年祭、五年祭、十年祭か、祖先の御魂舎《ミタマヤ》に合祀《ゴウシ》して、以後、祖靈祭《ソレイサイ》として執行《オコナ》うかである。

十六、一年祭と鎮魂《ミタマシズメ》

㋑　一年祭

一年程の期間を、産土大神の幽宮《カクリノミヤ》に於いて、神術会得《ワザ》の修業中なれども、産土大神に一年祭の執行のお許しを願って、亦、降神《コウシン》のお許しを戴き、神籬《ヒモロギ》に降神《コウシン》を招《オ》ぐ事に依って祭祀を執行《オコナ》う。

㋺　準備

一、神床《カムドコ》に神籬《ヒモロギ》を挿し立てる
一、献饌物《ケンセンモノ》
一、大麻、塩湯、祓霊詞《ハラヒコトバ》
一、祝詞《ノリト》、玉串
一、御魂代《ミタマシロ》
一、祖霊舎《ソレイシャ》

祭祀《サイシ》を執行《オコ》なひ、神籬《ヒモロギ》より昇神《ショウシン》と同時に祖霊舎《ソレイシャ》に鎮祭《シズメマツル》。亦は、祭祀終了後、間を置いて、深夜に御魂鎮《ミタマシズ》めの祭祀《サイシ》を執行する。

㋩　一年祭の式次第

祓主、大麻所役、塩湯所役、斎主、稱唯《イショウ》所役、献饌所役、玉串所役。

一、修祓

祓主、祓霊詞を奏上《ソウジョウ》
大麻《オオヌサ》所役、大麻《オオヌサ》を以て左右左と祓霊《ハラ》う
塩湯《エントウ》所役、塩湯を以て左右左と祓霊う

一、降神
斎主、降神詞《コウシンノリト》奏上　所役稱唯《イショウ》す
斎主、開扉《カイヒ》　所役、三度稱唯す

一、斎主一拝《サイシュイッパイ》　祭員一同一拝

一、献饌《ケンセン》　所役一同献饌す

一、斎主祝詞奏上

一、斎主、玉串を奉《タテマツ》って拝礼
次に祭主《マツリヌシ》、玉串を奉って拝礼
次に家族、親族、玉串を奉って拝礼
次に関係諸員、玉串を奉って拝礼

一、副斎主以下所役撤饌《テッセン》する

一、昇神、鎮祭詞を奏す　所役稱唯《イショウ》す

一、斎主閉扉《ヘイヒ》　所役三度稱唯す
一、斎主一拝　祭員一同一拝
一、退出　祭員一同
一、祭主《マツリヌシ》、施主《セシュ》の御挨拶
　親族一同退出し、一般一同退出す

㈡ 別途、鎮祭する時

時刻、二十二時〜二十四時（略すれば二十時〜二十二時）

　祭式次第
一、修祓
一、降神
一、斎主一拝
一、献饌
一、斎主鎮祭祝詞奏上
一、斎主、玉串を奉る

鎮魂、鎮齋する

一、家族、親族、玉串を奉る

一、撤饌

一、斎主一拝

一、退出

十七、鎮魂祭（顯齋）（一部幽齋）

㋑　鎮魂祭

鎮魂《ミタマシズメ》祭に於いては、既に肉体上の罪は火葬に依って祓《ハラ》ったが、御魂《ミタマ》が犯した過ち咎《トガ》や穢《ケ》汚《ガ》れを鎮魂祭《チンコンサイ》を以て祓《ハラ》い清《キヨ》めるのである。博鳳師曰く。即ち

「先ず修祓《シュバツ》の後、顯齋《ウツシイワイ》の法則《ノリ》を以て、降霊詞《コウレイシ》を奏し、次に浄暗裡《ジョウアンリ》に『斎主、至誠《シセイ》を以て、品位《ヒンイ》、職掌《ショクショウ》の高下《コウカ》、賞罰《ショウバツ》を調べ、御許しあれば、岩笛《イワブエ》を以て降靈《コウレイ》を修《シュウ》す。即ち、和魂《ニギミタマ》を鎮《シズ》め、合せ三魂《サンコン》（荒魂、奇魂、幸魂）をも鎮まるまで降靈《コウレイ》を修《シュウ》す。』鎮祭終りて点灯《テントウ》し、斎主一拝、献饌、祭主祭詞を曰《モウ》す。」

鎮魂祭《チンコンサイ》に於いて靈力体《ヒチカラミ》の法則により、現世に招靈《ショウレイ》し、命ならしめ、続いて行う祭祀に、

故人の靈《レイ》の活動を促しめるところに、其の意義があるのです。

㋺　後日の鎮魂祭（遷靈祭《センレイサイ》）

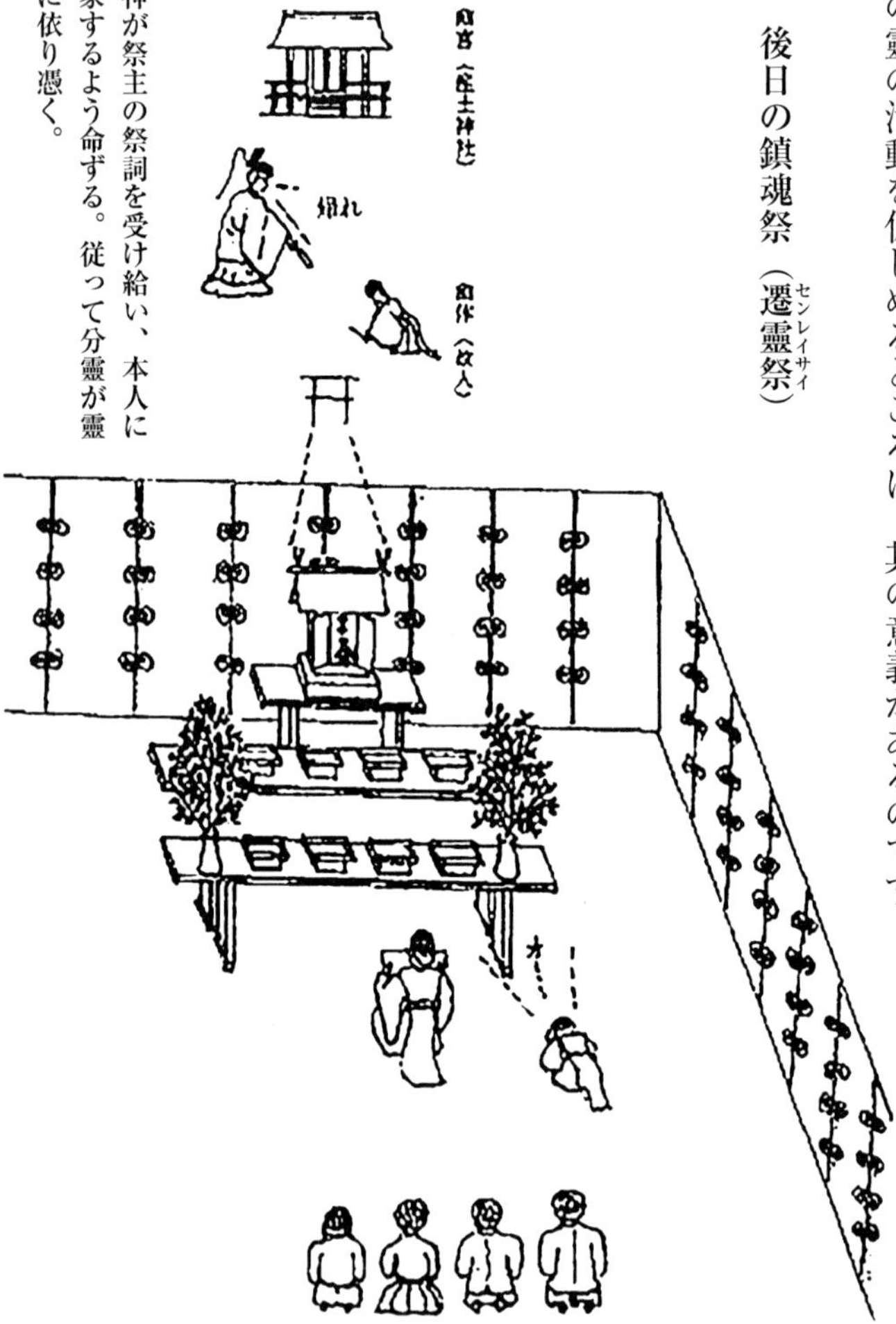

大神が祭主の祭詞を受け給い、本人に帰家するよう命ずる。従って分靈が靈璽に依り憑く。

参考資料

『本田親徳全集㊤』鈴木重道編（山雅房）
『神葬祭の栞』神社本庁調査部編（神社新報社）
『復刻　神道葬祭宝典』中島固成（佐伯書店）
『われわれはなぜ死ぬのか　死の生命科学』柳澤桂子（草思社）
『「死ぬとき幸福な人」に共通する7つのこと』小澤竹俊（アスコム）
『萬象の根元（生命の旅路）』苗代清太郎（肇国）
『皇學　大祓靈之解説』幽齋神主　新村博鳳
『皇學　祓靈之原則』幽齋神主　新村博鳳
『皇學　大祓靈疑解』幽齋神主　新村博鳳
『皇學　罪・穢汚れ㈠』幽齋神主　新村博鳳
『皇學　側面より診た日本人の歴史』幽齋神主　新村博鳳
『皇學　神言』幽齋神主　新村博鳳
『皇學　人間の本質』幽齋神主　新村博鳳

『皇學　日本人の皇學』幽齋神主　新村博鳳
『皇學　神』幽齋神主　新村博鳳
『皇學　神道』幽齋神主　新村博鳳
『広辞苑　第二版』新村出編（岩波書店）
『漢和辞典　新版』赤塚忠・阿部吉雄編（旺文社）
『神典』大倉精神文化研究所編（大倉精神文化研究所）
『古事記の宇宙《コスモス》　神と自然』千田稔（中央公論新社）
『創造論《クリエーション・サイエンス》の世界　聖書から生まれた先端科学』久保有政（徳間書店）
『日本人だけがなぜ日本の凄さに気づかないのか』ケント・ギルバート、石平（徳間書店）
『天皇という「世界の奇跡」を持つ日本』ケント・ギルバート（徳間書店）
『ついに「愛国心」のタブーから解き放たれる日本人』ケント・ギルバート（ＰＨＰ研究所）
『日本人はなぜ外国人に「神道」を説明できないのか』山村明義（ベストセラーズ）
『人は死なない　ある臨床医による摂理と霊性をめぐる思索』矢作直樹（バジリコ）
『皇学　皇家之古代祭祀再現　昭和之幽齋之記録』神界・新村博鳳（文芸社）
『皇学　天皇家の東征』新村椙麿（東洋出版）

著者プロフィール

新村 椙麿（にいむら すぎまろ）

一九三五年、静岡県焼津町元焼津に生まれる。

子供の頃は第二次世界大戦に依り、兄弟共々苦労に苦労を重ねた。

成人後、兄博鳳に續いて皇学を学び、又神主の修業を始める。

昭和四十二年初め、幽齋の齋員と成る。

昭和四十二年後半に神界より、佐留女の職掌を賜る。以後、大社・中社の三十三社の幽齋に奉仕。

昭和四十四年、神祇大副の職掌を賜る。

昭和五十三年より審神者（琴師を兼ね）の職掌を賜る。

昭和六十年、神界のお議りに依り、佐留女から大物主神の神裔へと転譜し、椙麿の御名を授かる。

皇學　人間《ヒト》の靈魂《タマシイ》と清《キヨ》め祓靈《ハラヒ》

2023年２月15日　初版第１刷発行

著　者　新村 椙麿
発行者　瓜谷 綱延
発行所　株式会社文芸社
〒160-0022 東京都新宿区新宿1－10－1
電話 03-5369-3060（代表）
03-5369-2299（販売）

印刷所　株式会社晃陽社

ISBN978-4-286-28031-8

郵便はがき

料金受取人払郵便

新宿局承認

7553

差出有効期間
2024年1月
31日まで
(切手不要)

1608791

141

東京都新宿区新宿1－10－1

(株)文芸社

愛読者カード係 行

ふりがな お名前		明治 大正 昭和 平成	年生 歳
ふりがな ご住所	□□□-□□□□	性別	男・女
お電話 番 号	(書籍ご注文の際に必要です)	ご職業	
E-mail			
ご購読雑誌(複数可)		ご購読新聞	新聞

最近読んでおもしろかった本や今後、とりあげてほしいテーマをお教えください。

ご自分の研究成果や経験、お考え等を出版してみたいというお気持ちはありますか。

ある　　ない　　内容・テーマ(　　　　　　　　　　)

現在完成した作品をお持ちですか。

ある　　ない　　ジャンル・原稿量(　　　　　　　　　　)

書　名			
お買上 書　店	都道　　　　市区 府県　　　　郡	書店名	書店
		ご購入日	年　　月　　日

本書をどこでお知りになりましたか?
1.書店店頭　2.知人にすすめられて　3.インターネット(サイト名　　　　　　)
4.DMハガキ　5.広告、記事を見て(新聞、雑誌名　　　　　　)

上の質問に関連して、ご購入の決め手となったのは?
1.タイトル　2.著者　3.内容　4.カバーデザイン　5.帯
その他ご自由にお書きください。
(　　　　　　　　　　)

本書についてのご意見、ご感想をお聞かせください。
①内容について

②カバー、タイトル、帯について

弊社Webサイトからもご意見、ご感想をお寄せいただけます。

ご協力ありがとうございました。
※お寄せいただいたご意見、ご感想は新聞広告等で匿名にて使わせていただくことがあります。
※お客様の個人情報は、小社からの連絡のみに使用します。社外に提供することは一切ありません。

■書籍のご注文は、お近くの書店または、ブックサービス(0120-29-9625)、セブンネットショッピング(http://7net.omni7.jp/)にお申し込み下さい。